鲁迅美术学院学术著作出版基金资助出版

莱布尼茨道德思想研究

王雯倩　许　博◎著

新华出版社

图书在版编目(CIP)数据

莱布尼茨道德思想研究 / 王雯倩,许博著. —北京:
新华出版社,2022.12
　ISBN 978-7-5166-6646-3

Ⅰ.①莱…　Ⅱ.①王…②许…　Ⅲ.①莱布尼兹(
Leibniz,Gottfried Wilhelm Von 1646—1716)—哲学思想
—研究　Ⅳ.①B516.22

中国版本图书馆 CIP 数据核字(2022)第 238325 号

莱布尼茨道德思想研究

著　　　者:王雯倩　许　博

责任编辑:蒋小云　　　　　　　封面设计:马静静

出版发行:新华出版社

地　　址:北京石景山区京原路 8 号　邮　　编:100040

网　　址:http://www.xinhuapub.com

经　　销:新华书店
　　　　　新华出版社天猫旗舰店、京东旗舰店及各大网店

购书热线:010—63077122　　　中国新闻书店购书热线:010—63072012

照　　排:北京亚吉飞数码科技有限公司

印　　刷:北京亚吉飞数码科技有限公司

成品尺寸:170mm×240mm

印　　张:7.75　　　　　　　　字　　数:130 千字

版　　次:2023 年 6 月第一版　　印　　次:2023 年 6 月第一次印刷

书　　号:ISBN 978-7-5166-6646-3

定　　价:78.00 元

前　言

　　本文以莱布尼茨的道德思想为研究主题,道德思想是莱布尼茨一生中少有的相对稳固的思想体系,是伴随着形而上学与神学的不断演进而逐渐生成的,同时又独立于二者的存在。莱布尼茨的道德思想逻辑脉络清晰、核心内涵丰富、意义影响深远。

　　在思想渊源方面,莱布尼茨的道德思想充分继承了过去思想家的积极主张,无论是古希腊、中世纪,还是近代欧洲的思想均与莱布尼茨道德思想存在着某种关联。在此基础上,莱布尼茨综合性地提出了自己的道德思想。

　　在思想发展与最终确立的过程中,莱布尼茨早在形而上学体系形成之前,就已经开始关注快乐和善这类伦理问题。在这个意义上,莱布尼茨的道德思想的萌发是先于形而上学与神学的。随后,道德思想的原则、基础、规定也在不同时期的文本中得以阐释。《单子论》的问世标志着莱布尼茨道德思想的最终确立,在莱布尼茨整个道德思想中,单子一直扮演着重要的角色。首先,“单子是反映宇宙的一面鲜活的镜子”这一隐喻在形成过程中已经被赋予了深刻的道德意义。其次,单子的道德意义通过三重特质呈现出来:一是表征着时间与空间的能力;二是具有不同的感知能力;三是单子的自我反思能力。最后,“单子的自我反思也是在最好地反映他人”意味着无论过去、现在和未来,人们都拥有共同的道德责任去关爱他人,并最好地呈现出一个完满的世界。

　　在核心内容方面,莱布尼茨道德思想所呈现给世人的不仅是“善”

"正义"这样传统的伦理主题,而是以"最好世界"理论为核心。最好世界理论勾勒出一幅新的世界图景,孕育一种乐观主义精神和利他主义的、积极的处世之道,并以此慰藉人们的心灵。正是在这个意义上,莱布尼茨道德思想实现了有道德、有尊严的个体与一个持续向好、向善的社会的交融与统一。

在思想的内在逻辑与特质方面,莱布尼茨道德思想的基本逻辑是从实体到上帝,最终指向伦理,贯穿整个思想过程的一条逻辑主线是关于自由问题的探讨,并最终以构筑"一个充满爱的道德世界"为理论宗旨。此外,莱布尼茨的道德思想还表现着"主体性"的理论特质。

在意义与价值方面,莱布尼茨的道德思想无论是学理上还是实践中均具有重要的意义与价值。在理论方面,首先,道德思想的确立为重新理解莱布尼茨哲学的整体性提供了新的视角与解读方式。其次,莱布尼茨道德思想对康德道德形而上学具有两方面影响:一是为道德找到普遍基础;二是道德乐观主义。最后,莱布尼茨道德思想与形而上学的勾连为当代形而上学重建提供了可能。在实践方面,莱布尼茨的道德思想具有着时代真理、道义和文明的标榜意义,表征着人类精神合乎理性、乐观崇善的独特气质,这对我们透视并定位时代精神和时代气息具有积极的引导作用。

目　录

第 1 章　绪论 ………………………………………………… 1

1.1　选题意义 …………………………………………………… 1

1.2　研究综述 …………………………………………………… 2

1.3　研究创新点 ………………………………………………… 10

第 2 章　莱布尼茨道德思想的理论渊源 …………………… 12

2.1　古希腊伦理学对莱布尼茨道德思想的影响 ………… 12

2.2　基督宗教传统对莱布尼茨道德思想的影响 ………… 22

2.3　近代欧洲哲学家对莱布尼茨道德思想的影响 ……… 26

第 3 章　莱布尼茨道德思想的发展与确立 ………………… 35

3.1　道德思想的萌发 …………………………………………… 35

3.2　道德思想的发展 …………………………………………… 39

3.3　道德思想的确立 …………………………………………… 51

第 4 章　莱布尼茨道德思想的核心内容 …………………… 62

4.1　善 …………………………………………………………… 63

4.2　正义 ………………………………………………………… 65

4.3　最好世界 …………………………………………………… 67

第 5 章　莱布尼茨道德思想的内在逻辑与特质·················· 71

　　5.1　莱布尼茨道德思想的内在逻辑 ··················· 71

　　5.2　莱布尼茨道德思想的特质 ····················· 81

第 6 章　莱布尼茨道德思想的价值与意义·················· 84

　　6.1　莱布尼茨道德思想的理论价值 ··················· 84

　　6.2　莱布尼茨道德思想的现实意义 ··················· 97

结语 ·· 103

参考文献 ·· 106

第 1 章　绪　论

1.1　选题意义

道德哲学作为一门哲学学科,区别于逻辑学、政治学、美学和形而上学,主要研究道德现象与人的行为规范与价值,旨在定义善与恶、对与错、美德与恶习等概念,解决伦理问题。纵观西方思想史,对道德问题的关注与研究由来已久,最早可以追溯到古希腊时期的道德学说。在古希腊,哲学家们主要借助美德、快乐、灵魂或正义等范畴开启对道德的探讨。从苏格拉底与柏拉图的对话开始,到亚里士多德系统的伦理观,途径中世纪奥古斯丁和托马斯·阿奎那关于善恶、对错等道德问题的论证,再到近代启蒙运动的理性之光所激发的 18 世纪欧洲社会的乐观主义精神。人们在告别三十年战争之流觞后开始重新思考"如何生活得更体面"这一亘古不变的话题,在弗朗西斯·培根、洛克、笛卡尔、斯宾诺莎那里,完满、自由、幸福等范畴成为道德哲学的时代主题。作为当时的思想巨匠,莱布尼茨超越同时代的百科全书式思想家的地方不仅在于所涉及学科的繁多、关注视域的广泛、学科关联的紧密,更重要的还在于他对世界本身具有一个道德的审视和决断。莱布尼茨的道德思想一直是被世人忽略的一部分,事实上他的许多理论如"最好世界""前定和谐""单子论"最终都指向了伦理。可以说,形而上学和神学随着时间而发生了很大变化,他的道德思想则具有一以贯之的连续性与稳定性。莱布尼茨的道德思想是在形而上学的维度上实现的,这意味着形而上学是莱布尼茨道德思想的支柱。具体而言,道德思想的确立离不开形而上学的生成过程与呈现方式,离不开思想与实践的密切关联,也离不开莱布尼茨所处时代的背景与现实的局限。因此,我们需要重新审视莱布尼茨的道德思想,回溯至特定的时代背景与理论来源中,挖掘道德思想中更加深入的理论结构。本文注重以形而上学的方式考察莱布尼茨的道德思想,实现莱布尼茨道德哲学理论、形而上学体系、理性神学三个体系的互通与统一。

文章重点对莱布尼茨道德思想的生成逻辑进行考察,分析旨在阐释人与人、人与自然、人与宗教三重关系的理论线索,回答了"莱布尼茨道德思想是否独立存在于他的形而上学和神学体系之外""莱布尼茨的道德思想的存在基础、主要内容、演进逻辑及价值意义"这两个问题。因此,本文的研究目的在于探讨莱布尼茨道德思想,通过进一步释放思想的理论空间,不断丰富思想的理论内涵。

1.2 研究综述

目前,国外学界对莱布尼茨道德思想的研究主要集中在四个方面:一是独立性问题;二是道德思想与形而上学、神学的关系;三是思想的整体构建;四是道德思想的基本内容。针对"莱布尼茨道德思想是否为独立的理论体系"或是"莱布尼茨的道德思想是否存在"这一问题,西方学界主流思想普遍认为莱布尼茨思想散见于不同时期的作品中,他的哲学思想核心是"前定和谐"或"单子"这样的形而上学体系,而道德思想一直是被学者忽略的一部分。黑格尔在《哲学史演讲录》中评价莱布尼茨的哲学完全分散在一些小册子、书信和答辩中,我们根本找不到任何他所写出的完整系统著作。[1] 黑格尔认为莱布尼茨的哲学是形而上学,与斯

---

① 黑格尔.哲学史讲演录(第4卷)[M].贺麟,王太庆等译.上海:上海人民出版社,2013:172.

宾诺莎不同,莱布尼茨哲学以绝对的众多性、个体的实体为基础,具有个体性原则和不可分割两个原则。然而,黑格尔并没有明确指出莱布尼茨的道德学说或伦理思想,而是认为在一个有局限性的理智规定出发的形而上学中,正义、善恶、完满等道德内容获得了全面的阐释。

罗素在著作《对莱布尼茨哲学的批判性解释》中认为,莱布尼茨的哲学虽然从来不曾作为一个系统的整体呈现于世人,然而正如细心考察所表明的,却是一个异乎寻常地完整的和连贯的体系。[①] 他认为莱布尼茨没有一部大部头的著作源于他的性格和环境,因为他每写一部著作,似乎都需要某种直接的刺激,某种切近和紧迫的动因。在对待莱布尼茨伦理学时,罗素将意志和快乐划分为心理学范畴,认为只有"善的本性"才是严格意义上莱布尼茨伦理学的真正问题。

整体而言,罗素对莱布尼茨哲学的评价是积极的、客观的,指出了莱布尼茨缺乏伦理学著作的现实原因,同时也明确了莱布尼茨道德思想的理论基础与核心内容。相反,黑格尔批判了莱布尼茨哲学缺乏整体性与连贯性,作为哲学的一部分,道德哲学也就失去了存在基础与整体图景。我们在评判一种理论是否为哲学时,不能仅依靠理论样态、逻辑、建构,更不能按照有无一部完整著作为标准,而应该考察它是否达到了思想觉醒,它所表现的是否实现了需求的合理性和追求的崇高性。在这一意义上,黑格尔对莱布尼茨哲学的批判显然是缺乏依据的,或者可以说,忽略了莱布尼茨道德观对当时德意志人民的精神激励及现实价值。

赫尔辛基大学的马库·洛尼拉教授多年来一直致力于莱布尼茨逻辑学和道德哲学研究。在他的导师马塞洛·达斯卡的著作《莱布尼茨:何种类型的理性主义者》中,马库·洛尼拉认为莱布尼茨的道德观是一种纯粹的理性科学,独立于它的人类学和神学。早在美因茨、巴黎期间,莱布尼茨就已经形成了他道德哲学的主要特征。道德在莱布尼茨的思想中是非常核心的一部分。马库·洛尼拉教授肯定了价值观对于莱布尼茨伦理思想的重要性,认为价值观是反映莱布尼茨普遍和谐学说的核心方式,也是科学理论知识之外的一种核心方式。莱布尼茨的道德哲学在他的一生中相对稳固并没有改变,而他的其他教义则随着时间而发生了很大变化。

在这一问题上,美国形而上学协会主席尼古拉斯·雷切尔在其

---

① 罗素著.西方哲学史(下卷)[M].马原德译.北京:商务印书馆,2015:114.

2005 年出版的著作《莱布尼茨》中对莱布尼茨的伦理学进行了细致的梳理。他认为,莱布尼茨的伦理学独立于形而上学和神学,并具有显著的功利性特征。尽管如黑格尔所言那般:莱布尼茨的思想分散在不同时期的书信中,但伦理学始终都处在中心的位置,并且在方向上完全是世俗的。尼古拉斯·雷切尔还是肯定了莱布尼茨道德思想的独立性,并明确了伦理世俗性的这一理论特征。

在形而上学、神学和道德思想的关系问题上,美国学者安德鲁·尤帕在《理性主义者的同伴》的第三部分"理性主义者的选择"中表示,尽管莱布尼茨从未写过系统的伦理学著作,但在他看来,神学是一门法学。尤帕认为,作为自然神学家和形而上学哲学家,莱布尼茨同时也是一位道德哲学家,伦理学在他的哲学体系中占有中心地位。名义上不同的领域之间不存在分歧。因此,认为他从来没有写过系统的伦理论文的观点是不正确的。在这里,尤帕为莱布尼茨作为道德哲学家的身份问题做了一定程度的辩护。

作为英语学界关于莱布尼茨道德思想的唯一著作,约翰·霍斯特勒1975 年出版的著作《莱布尼茨的道德哲学》对莱布尼茨道德哲学进行了较为系统的研究。霍斯特勒认为,莱布尼茨的道德体系已被误解为与形而上学体系和神学体系相割裂,而后者被认为是莱布尼茨的主要观点。相反,霍斯特勒认为莱布尼茨的道德哲学在他形而上学的工作之前就已经基本完成了,后者旨在为他的道德体系提供原理。霍斯特勒开始着眼于莱布尼茨的一般形而上学研究,以表明他的道德与形而上学之间的联系。莱布尼茨的道德思想是基于意愿、理性和欲望之间的基本关系而建立的。同时,引入两种明显矛盾的自愿行动机来打破传统。一方面,霍斯特勒提出了一种以自己的福利为目标的利己主义;另一方面,又提出了一种道德利他主义,要求一个人促进另一方的利益。霍斯特勒对善、快乐、幸福和完美等概念的分析表明,莱布尼茨道德思想中的矛盾是显而易见的,但利己主义和利他主义实现了和解。约翰·霍斯特勒将莱布尼茨晦涩艰深而又庞杂零散的哲学片段构造成一个相对独立而完整的思想体系,使其道德思想哲学的逻辑脉络与整体图景得到了初步细致的阐述,这对莱布尼茨道德思想的建构,以及对哲学的整体性把握具有深刻的积极意义。

对于莱布尼茨道德思想的整体建构这一问题,美国学者梅洛克1969 年出版了一部译作《哲学论文和书信集》,书中翻译并整理了莱布尼茨的一些短文,其中包括莱布尼茨 1693 年的《外国外交法典》一书,这里涉及了莱布尼茨的道德思想。书中明确了莱布尼茨对三种层次道德的划分,分别是法则、平等和虔诚。法则要求我们不受他人伤害;平等要求我们要仁慈、博爱;虔诚要求我们要体面的生活。梅洛克认为,莱布尼茨道德哲学的核心要义是仁爱与自我主义的和解,将他人的利益视为自我利益的一部分,这构成了莱布尼茨的幸福观。

此外,美国著名政治哲学家帕里克·赖利长期致力于莱布尼茨政治哲学研究,其 1996 年出版的著作《莱布尼茨的普遍法理学》详细论述了莱布尼茨的正义思想。赖利认为,莱布尼茨喜欢将"正义"定义为对智慧的爱或宽容,在这里我们看到莱布尼茨用爱的观念去理解正义。在《莱布尼茨政治著作选中》,赖利分析了莱布尼茨形而上学、心理学和伦理学的关系问题,他认为:"莱布尼茨最简洁而有力的尝试是通过《幸福论》(1694—1698)笔记中的完美观念连接起他的形而上学、心理学和伦理学。"①

关于莱布尼茨道德思想的基本内容,许多学者都在各自的著作中予以表述。英国学者尼古拉斯·乔里的著作《莱布尼茨》于 2013 年被翻译成中文,这也是为数不多的涵盖莱布尼茨道德思想的外文名著的中文版本。书中对莱布尼茨道德哲学的基础、核心主题、基本立场进行了明确的表述。乔里表示莱布尼茨长时间以来都没被看作一流的道德与政治哲学家。然而和斯宾诺莎一样,莱布尼茨的一些著作、书信如《单子论》最终都指向了人类幸福和美好展望。② 首先,莱布尼茨伦理学奠基于道德心理学中,就是人类的动机理论。人们在做出选择时总是选取最佳的一个,而这个最佳选择的根据是有利于自身利益,在这一点上莱布尼茨伦理学的根本前提是一种心理利己主义。其次,书中探讨了莱布尼茨本身的道德哲学,认为核心主题是所有的心灵都是上帝之城中的成员,人类应该用"无私的爱"去促进整体的幸福。这里,再次强调了莱布尼茨促进了心理利己主义与伦理利他主义的调和。最后,尼古拉斯·乔里认为莱布尼茨的道德哲学在许多关键问题上借鉴了斯宾诺莎的伦理学,如人们越善良就越接近上帝,二人都强调了与上帝的相似。在面对"美德"本身这一问题时,斯宾诺莎认为"幸福不是美德的报酬而是美德本身",莱

① 帕特里克·赖利. 莱布尼茨政治著作选[M]. 张国帅,李媛译. 北京:中国政法大学出版社,2014:11.
② 尼古拉斯·乔里. 莱布尼茨[M]. 杜鹃译. 北京:华夏出版社,2013:115.

布尼茨主张有德的生活比无德的生活更快乐,因此,美德就是他自身的报偿,在这一点上两人具有高度的一致性。总体而言,尼古拉斯·乔里对莱布尼茨道德哲学的贡献之处在于进一步明确了莱布尼茨的哲学著作最终旨归在于伦理,而伦理的基础是人类动机理论,同时清晰地提出了莱布尼茨与斯宾诺莎在伦理学上的思想关联。

美国专家加勒特·汤姆森2001年出版了专著《莱布尼茨》,书中第十章为伦理学。在这一部分,汤姆森重点考察了"作为人类活动动机的自我利益与关爱同伴这一道德诉求相一致"的问题。他认为,莱布尼茨提出的许多道德概念如"最好世界""仁慈""关爱他人"很明显与心理的利己主义相矛盾,然而莱布尼茨用那种纯粹的和无私利之爱调和了二者。书中还考察了莱布尼茨道德的正当性和动机问题。在道德的正当性这一问题上,不同于霍布斯将正义和权利的基础视为上帝的意志,莱布尼茨认为道德的基础应该是善与智慧。① 在人类遵守道德的动机这一问题上,加勒特·汤姆森认为莱布尼茨的道德哲学主张人在不断完善中获得快乐,并非刻意的抑制欲望。可以说,加勒特·汤姆森客观分析了莱布尼茨道德思想中自我的基点地位,在此基础上明确了自我、他人与世界这一维度中所体现的莱布尼茨道德哲学的整体性。审视自我与自我、自我与他人、自我与世界的关系构成了莱布尼茨伦理层面的准则,由此引申出关于幸福或是关于痛苦、善恶的问题,正是莱布尼茨整体哲学的核心问题与基本内容。

总体而言,西方学术界对莱布尼茨思想的研究更加侧重从不同角度深入研究莱布尼茨的形而上学体系和神学体系,关于莱布尼茨道德思想是否为独立的思想体系、道德思想与形而上学和神学的关系、理论样态的构建、基本内容等问题的研究尚显粗浅。这导致国外学术界没有意识到莱布尼茨的道德思想正是在形而上学与神学的发展中不断演进并最终生成的。虽然在发展逻辑与演绎过程方面,约翰·霍斯特、尼古拉斯·乔里两位学者进行了一定程度上的梳理,重点强调了莱布尼茨道德思想与神学、形而上学的差别,但没有将莱布尼茨道德思想置于他的全部哲学发展的整体脉络中去思考,进而忽略了三者之间紧密的关联。具体而言,没有以道德为主题来理解莱布尼茨的单子论、前定和谐理论、最好世界等理论,进而找出不同时期、不同著作之间的连贯性

---

① 加勒特·汤普森. 莱布尼茨[M]. 李素霞,杨富斌译. 北京:清华大学出版社,2019:117.

与逻辑性。诸如帕里克·赖利、梅洛克、尼古拉斯·雷切尔、加勒特·汤姆森等学者阐释了莱布尼茨道德思想中的某一方面、某一因素,或是道德观的层次,或是现实指向,或是基本内容,这并非是建构意义上的研究,实质上并没有找出莱布尼茨道德思想的基础、逻辑与架构,这就很难将莱布尼茨的道德思想以一种独立思想体系的形式呈现出来。实际上,大部分西方学者仍秉持着莱布尼茨没有完整的道德思想这一观点,显然这种误解更多是基于对部分莱布尼茨道德思想的片段性感悟,而忽略了整体精神轨迹和思想整体架构。这要求我们在研究过程中,应注重莱布尼茨哲学的实践指向,以其道德思想的连贯性、独立性、完整性的立场给予反思和辩驳。

在国内,就莱布尼茨哲学整体而言,相关研究较为薄弱,还处于基础阶段。武汉大学的陈修斋先生和段德智教授在 20 世纪 80 年代陆续翻译出版了莱布尼茨的一些著作,这对国内的莱布尼茨研究起到了巨大的促进作用。进入 21 世纪后,北京师范大学刘孝廷教授带领团队对莱布尼茨思想尤其是哲学、科学、宗教以及莱布尼茨与中国的关系等领域的研究取得了明显成就。对于莱布尼茨哲学的整体性评述,陈修斋在《新系统及其说明》序言中表示莱布尼茨虽然著作浩繁,但从未发表也未写过一部有适当规模的、系统地详述自己的哲学体系的著作,他的哲学就散见于一些短篇论文或小册子和大量的书信中。当然,没有用一部著作来阐述,并不意味着莱布尼茨的哲学没有自己的系统。① 陈修斋先生看到了莱布尼茨思想中的积极因素与实践意义,它是摒弃了经院哲学的新的唯心主义,是一种处在萌芽状态的资产阶级意识形态而非封建意识形态。莱布尼茨论证上帝的存在和一切世界中可能的最好世界,对当时德国人的心灵无疑是巨大的慰藉。

国内并没有一部关于莱布尼茨道德思想的专门著作,关于莱布尼茨道德思想最为详尽的说明是在段德智教授的著作《莱布尼茨哲学研究》中。段德智教授师从陈修斋先生,曾长期致力于莱布尼茨哲学的研究与教学,该著作也是段德智教授关于莱布尼茨研究成果的集中展现,该书的主体部分为第三章至第五章,分别对莱布尼茨哲学的三大部分——本体论、认识论和道德学进行了深入、清晰的剖析。他认为道德学思想是莱布尼茨哲学思想的核心部分,莱布尼茨的"道德学",从内容上看,与亚

---

① 莱布尼茨 . 新系统及其说明[M]. 段德智译 . 北京:商务印书馆,1998.

里士多德的"实践科学"的含义大体相当,主要是指导个人实践的伦理学和指导公共实践的政治学和法学。此外,段德智教授重点强调了莱布尼茨的神学思想。由此看来,莱布尼茨的道德学思想包括人学思想、社会思想和神学思想三部分。其中,人学思想研究了人的自由与快乐,包括"人的自由"与道德必然性、"人的快乐"与"人生智慧"、道德推理与道德"本能"等内容;神学思想研究了"善""恶""最好世界"等问题;社会思想则对乐观主义、社会向善论等内容进行了阐述。总体而言,段德智教授将道德观视为一种内容丰富、范畴多样的广义的道德学思想。这一道德学思想一方面明确了"快乐""幸福""自由"等问题作为莱布尼茨道德思想的研究范畴,另一方面,"人学""神学""社会学"三个维度的结合构成了莱布尼茨道德思想的理论架构,这对莱布尼茨道德思想的归纳与建构具有重大的意义。但需要指出的是,道德学与道德思想是有区别的,段德智教授并没将道德思想作为一个独立的体系置于莱布尼茨整体哲学的发展脉络与理论路径中去进一步明确思想基础与演进过程。道德学所涵盖的内容丰富,兼具整体性与同一性,弱化了莱布尼茨道德思想的产生、发展、确立的整体逻辑路径。可以说,莱布尼茨的道德思想在这里并没有以独立的思想体系的样态被最终确立下来。

邓安庆教授在《论莱布尼茨的伦理思想》一文中认为,莱布尼茨的伦理思想在现在启蒙伦理的发展上具有一个明显的过度性质,试图通过理性的形而上学重建伦理的最终基础,但是在思想中又留下许多经院哲学的痕迹。尽管莱布尼茨的哲学具有实践哲学的意向,但他却没有系统的伦理学思想,莱布尼茨的哲学除了形而上学比较系统之外,其具体的伦理思想都是零散地表达在他的不同著作及其通信中的。① 快乐主义、德性论、正义论是莱布尼茨道德思想的三个主要方面。在《自然法与现代主义:以莱布尼茨为中心的探讨》中,邓安庆教授从自然法与道德哲学、自然法与神法的关系这一维度出发,表示莱布尼茨的自然法还是被视为中世纪自然法的余脉,坚决地反对以霍布斯为代表的上帝意志主义的阐释路向,力主一切善和正义,不是因为上帝的意志,而是基于事物的本性。② 这对我们理解莱布尼茨道德思想与上帝的关系,以及更深刻地理

---

① 邓安庆. 论莱布尼茨的伦理思想[J]. 湖北大学学报(哲学社会科学版),2011(9):113.

② 邓安庆. 自然法与现代主义:以莱布尼茨为中心的探讨[M]. 上海:上海教育出版社,2017:3.

解善与正义的本质具有重大意义。通过邓安庆教授对莱布尼茨道德思想的反思和整体评判,明确了理性、信仰与伦理观之间具有的内在关联,以及这一关联具有的理论意义与实践意义。邓安庆教授从时代背景与影响的角度出发,在与亚里士多德的德性论的对比中逐渐发现和定位了莱布尼茨道德思想的部分内容。

在莱布尼茨道德思想的逻辑线索与形成过程的问题上,王腾在《莱布尼茨论"最完美国家的道德世界"——从〈形而上学论〉到〈单子论〉》一文中表示:莱布尼茨最完美国家的道德世界即是在"神学信仰"与"哲学理性"的双重向度上建构的。在《形而上学序论》中,莱布尼茨最早提出了"道德世界"概念,建构了"道德世界"的"草图"。随着"实体论"向"单子论"过渡,在《单子论》中,莱布尼茨细致地描绘了单子与上帝单子之间的道德关系,与此同时,在单子精神自由状态基础上,他建构了一个理想的"道德世界"图景。① 王腾首创性地从逻辑的角度入手研究莱布尼茨的道德思想,可谓独树一帜,把本来隐匿在凌乱的文本中的道德思想加以条理化、系统化,给人以耳目一新的感觉。

整体而言,国内学界对莱布尼茨道德思想的研究主要集中在三个方面:一是对思想的核心内容、发展路径进行了初步的思考;二是对伦理学、形而上学和神学之间的内在关联性进行了卓有成效的理论探索;三是对如何界定、归纳莱布尼茨道德思想所具有的理论价值和意义,提出了各自独立的见解。这表明国内学界重点还是围绕着莱布尼茨道德思想的基本内涵这一本质主义的追问而展开的,并没有突破将其视为一种独立、完整的思想体系这一局限,进而以建构的视域去对"道德思想的发展、确立""道德思想的基础、规定、特质"等问题进行批判性思考。不容置疑,对道德思想内容的界定与归纳,以及道德与形而上学的关联是国内学者较之国外所具有的独特创新之处。但莱布尼茨道德思想的逻辑脉络、整体架构却始终隐含在莱布尼茨全部哲学中,对文本的最终指向都起着支撑作用,但极少有人把它拿出来作专门研究的重大理论问题。

---

① 王腾. 莱布尼茨论"最完美国家的道德世界"—从《形而上学论》到《单子论》[J]. 中南大学学报(社会科学版),2015(6):3.

1.3　研究创新点

首先,拓展了国内学界对于莱布尼茨道德思想的研究视域。国内学术界关于莱布尼茨整体哲学的研究成果相对丰富,但是针对他的道德思想的演进和建构去进行整体性研究的成果还不多见。本文通过考察莱布尼茨道德思想、形而上学、神学三者的内在关联,将一个相对独立的、完整的道德思想呈现出来。在此基础上,明确莱布尼茨道德思想的基本内容与生成逻辑。具体而言,本文认为莱布尼茨的道德思想是伴随着形而上学体系和理性神学体系的逐渐成熟而不断生成的,并非一套孤立的伦理学说。在基本内容方面,莱布尼茨道德思想以人的"快乐""至善"为出发点,以实现最好世界的"博爱""和谐"为归宿。在理论建构方面,本文认为莱布尼茨道德思想的建构是从三个维度展开的:一是随着形而上学、神学体系的逐渐成熟而不断生成并确立;二是精神实体是道德思想的理论基石,理性原则为道德思想树立了具体规范;三是神学因素以形而上学的方式为道德思想提供论证对象与主导思想。整体而言,莱布尼茨道德思想是以形而上学的方式呈现于世人的,这意味着形而上学是莱布尼茨道德思想的支柱。

其次,进一步呈现了莱布尼茨道德思想的整体性和系统性。以往对于莱布尼茨道德思想的研究主要局限于某一方面,如发展过程、基本内容、现实意义等。这种研究在视阈中往往忽略了道德思想自身整体性和系统性,以及道德思想和其他学说之间的全局性关联。本文分别从思想渊源、形成思路、基本内容、理论逻辑以及价值与意义等维度出发,将莱布尼茨的道德思想完整地呈现出来。

最后,进一步明确了莱布尼茨道德思想的现实指向。在现实意义方面,莱布尼茨的道德思想注重普遍的理性生活,而这种理性生活本质上是在自然中实现的,而非借助政治或宗教信仰。虽然没有明确的道德律令或道德法则,但莱布尼茨主张的"无私的爱""自我反思""最好世界"等思想均可被理解为基本的生活法则,这些法则要求对欲望的克制、对道德的追求、对责任的担当,都是遵从一个深刻的道德原则——理性。整体而言,莱布尼茨的道德思想虽没有完全摆脱宗教、政治因素的限制,但根本上是以理性为基础的,主张在现实中追求快乐,又遵从节制的生活,依照生活的理性法则行事,并最终在他人的完满中实现自我的价值。

第 2 章　莱布尼茨道德思想的理论渊源

　　莱布尼茨哲学的思想来源是极其广泛的，作为他哲学体系的一部分，道德思想的范畴、基本原则和主要旨趣均可以在整个西方哲学演进的不同阶段中找出来源与根据。可以说，莱布尼茨的道德思想除了受时代因素和特有身份的影响，同时是在继承或批判前人的思想遗产中建立而成的。如果将莱布尼茨思想的谄媚性、碎片化、非系统性归咎为迎合权贵的现实需求，[1]那么他的道德思想则同前人的思想具有高度一致性、连贯性。莱布尼茨摆脱了一切思想的束缚，建立了属于自己的非功利性的、系统的道德思想。

2.1　古希腊伦理学对莱布尼茨道德思想的影响

2.1.1　柏拉图

　　古希腊早期自然哲学家对宇宙万物的合理性和这种合理性的内在根据进行了尝试性的探索。如赫拉克利特的"火"、毕达哥拉斯的"数"、

---

　　① 黑格尔. 哲学史讲演录(第 4 卷)[M]. 贺麟，王太庆等译. 上海：上海人民出版社，2013：172-173.

德谟克里特的"原子"都是在不断流变、杂乱无章的众多现象背后,为宇宙找到最终的合理性。因此,探索世界的本原成为哲学的主题。这一哲学传统在苏格拉底之后发生了根本性的改变,苏格拉底将哲学研究的主题划定在人的范畴之上,主要回答了两个最重要的问题:"什么是美德""什么是最好的国家"。对苏格拉底而言,美德意味着智慧,人们可以通过教育建立起一套道德体系,道德体系会给人类带来凝聚力,这种凝聚力应排除宗教、政治的影响。苏格拉底一生并没有留下哲学著作,他的主要思想通过弟子柏拉图以转述的形式呈现出来。苏格拉底的遗产促使柏拉图对道德和现实的本质进行更为彻底的考察,这种考察远远超出了历史上苏格拉底讨论的范畴。柏拉图的思想深刻地影响着后来哲学家的道德观,其中对莱布尼茨的影响主要体现在四个方面:将伦理问题与形而上学相结合;关于"正义""和谐"与"善"的探讨;"理念的爱"即"纯粹的爱";理念世界与最好世界。这不仅为莱布尼茨道德思想提供了最初的论证主题与研究范畴,还深刻影响着莱布尼茨所主张的爱的道德行为和最好世界的道德宗旨。

作为哲学上理想主义的始祖,柏拉图将"善"视为思想主题,一系列关于"善"的论证为西方思想史定下了基调。其意义不仅在于使古希腊哲学研究主题发生了根本性改变,更在于对人的深刻影响。柏拉图明确了人是以道德的方式存在的,表现了人对道德本身的追问、对道德生活的理想诉求,使人类的心灵更加完善,把握真正幸福的人生成为可能。

《理想国》首次提出了乌托邦思想,在面对支配人的三种力量即欲望、情感、知识时,柏拉图最终选择了理念(idea)。① 和大多数古代哲学家一样,柏拉图坚持一种以美德为基础的伦理观。也就是说,幸福是道德思想和行为的最高目标,而美德是实现这一目标所必需的技能和气质。柏拉图以对话的形式把伦理、政治、社会或心理的重要性问题与形而上学、方法论和认识论的考虑结合起来,他的伦理思想是建立在形而上学的前提上,在不同时期显现的是关于不同道德主题的探讨。

在早期思想中,柏拉图专注于审视生命。在《斐多篇》中,柏拉图并没有指出生命的定义和明确美好生活的具体方式,而强调了人要懂得节制并防止世俗的诱惑,注重自身的道德提升和灵魂关照,这反映了柏拉图超凡的禁欲主义生活观。与柏拉图相似,莱布尼茨的早期思想同样关

---

① 赵敦华. 西方哲学简史[M]. 北京:北京大学出版社,2001:53.

注了"善""快乐""死亡"这类伦理问题,也是在审视生命。在"节制""死亡"等问题上,莱布尼茨与柏拉图具有高度的一致性,莱布尼茨强调了"节制"的重要性,而他本身也是一个懂得节制的人。关于"死亡",柏拉图认为死亡无非是肉体本身与灵魂从身体解脱出来以后所处的分离状态,人应该注重精神上的修养,摆脱现实羁绊,实现灵魂的纯洁与永恒,这一观点与莱布尼茨对死亡的看法一致,他认为死亡不过是意识的沉睡状态,理性的灵魂(实际上是所有的灵魂)在死后会继续以物质的形式存在。关于"善"的问题,在《米诺篇》中,柏拉图论证了"人皆求善"这一命题。柏拉图认为,人的行为动机分为"求善"与"求恶"。"求善"是人行为的主要动机,而"求恶"分为两种:"不知恶而为之""明知恶而为之"。"不知恶而为之"的人是可以理解的,因为无知导致他们不知道行为本身是"恶"的;"明知恶而为之"的人是被利益所诱惑,他们认为"对自己有利"的原则优于道德上的"善恶"原则,而"对自己有利"对这些人来说是一种"善行",因此"意志是善恶选择的决定因素"。莱布尼茨继承了这一观点,他认为意志是一种内心的愿望或做某事的欲望,是人类行为的核心。表面上的善依赖于知识,而更深层次的善则需要主观意志去判断。我们知道的越多,我们的判断力就越强,我们就能识别出更多的善,而判断力的不断增强是通过我们的理性实现的。

柏拉图对莱布尼茨的影响还在于关于"正义""和谐"与"善"的探讨,人的存在价值与"正义""善"的问题是紧紧缠绕在一起的,柏拉图对"正义""和谐"和"善"这样伦理问题的论证不仅为西方思想史定下了基调,同时影响着莱布尼茨将"正义""和谐"与"善"视为不可回避的哲学主题。在《理想国》中,关于正义的探讨贯穿其中。柏拉图将正义分为国家正义和个人正义,就个人而言,正义意味着理性、激情、欲望的各尽其责。①就国家而言,正义则意味着公民各司其职,个人正义与国家正义在《理想国》中达到了统一与贯通。柏拉图将理想国家的至高道德及其对公民的基本道德要求归咎为"正义",每个等级按照正义的要求,各安其位,最终实现城邦的最大幸福。在这里,伦理价值上的善与正当、良心与义务紧紧地结合在一起,将城邦中的每一个人都牢牢地束缚在其等级和身份上。在理想城邦中,公民应具备智慧、勇气、节制和正义四种美德。在后期,形成系统的伦理思想,探讨和谐与善。《会饮篇》《斐德罗篇》关注了

① 柏拉图. 理想国[M]. 郭斌和,张竹明译. 北京:商务印书馆,1986:40-43.

人的自我提升和自我完善,探讨了爱、美和善的主题。善是柏拉图伦理思想的核心,善是一切活动的终极目的,万物也都是向善的,"理念的善"与具体事物的关系成为柏拉图道德哲学的最高范畴。柏拉图认为世界上有许多种善,而"理念的善"为最高的善,这种善是真实的存在,在一定意义上善自身就是"绝对的美"。这样在真、善、美三个维度上建构的"善的理念"是柏拉图道德观的第一原则,也是其人生观和国家观的最终归宿。"正义""善"与"和谐"正是莱布尼茨道德观的核心范畴,从《形而上学谈》《神正论》到《单子论》关于这三个主题的探讨推动着莱布尼茨形而上学体系和神学体系的不断成熟,而最终回归这些伦理主题意味着以上两个体系最终指向是道德问题。不同的是,莱布尼茨在论证这些主题时引入了基督教神学,因此,他的道德思想充满了神学因素。

莱布尼茨在调和心理的"利己主义"和行为的"利他主义"时引用了"无私的爱"这一观念。"无私的爱"是一种纯粹的、无私利的爱,这一观念源于柏拉图"理念的爱"。柏拉图"理念的爱"意味着精神层面的爱,是"无性之爱",其实质却是对善的永恒占有和对不朽的渴望。莱布尼茨"无私的爱"是柏拉图"理念的爱"的变种,抛开"理念的爱"的世俗性因素,如男女之恋爱、同性之爱,莱布尼茨更注重"理念的爱"对善和不朽的追求。"无私的爱"的提出表达了莱布尼茨道德思想的利他性,这明显与后人赋予他哲学以"谄媚、世俗、功利"大相径庭,这说明莱布尼茨整个哲学思想中最深刻、最真实、最初始的部分是他的道德思想。与其说莱布尼茨的哲学是为了调和机械论与目的论、无神论与基督神学,不如说他的哲学是让人们懂得彼此关爱、懂得乐观生活。

柏拉图对莱布尼茨道德思想影响最深刻的一点是"理念论"确立了"最好世界"的理论基点。柏拉图的伦理学以"理念论"为基础,强调理性因素。当柏拉图看到感官世界的不真实、流变不居时,《理想国》描绘了理想城邦的图景,在伦理学的基础上形成了国家理论。柏拉图认为理想国家建立的目标在于实现全体公民的最大幸福。[①] "理想世界"是公民完善自身的手段,而非目的。个人的利益要服从国家的整体利益,反过来国家要促进个人"善"的提升,而在理想国家中实现个人的"善"依靠的并不是法律,而应是理性支配。《理想国》对完美国家的描述,体现了对正义的追求,弥漫着乌托邦色彩。虽然柏拉图已经认识到他的理想主义

① 柏拉图.理想国[M].郭斌和、张竹明译.北京:商务印书馆,1986:135.

在现实社会中很难实现,但这并不影响一个"理想世界"以"理念"的方式显现,一方面是人们心灵的希冀,一方面是现实社会的榜样。这一思想可被视为莱布尼茨的"最好世界"的理论源头,"这个世界是所有可能世界中最好的"同样承载着人们心灵对美好生活的向往,不同的是莱布尼茨将柏拉图的"理念社会"拉回了现实,我们生活的世界就是那个最好的"理念世界",这也是莱布尼茨"乐观主义"道德思想的重要体现。

2.1.2 亚里士多德

如果说苏格拉底将哲学带给人类,亚里士多德则将科学带给了人类。作为柏拉图的学生,亚里士多德思想的丰富性体现在哲学、伦理学、逻辑学、美学、政治学、科学各种思想中,他浩瀚无垠的知识体系向世界呈现出了科学最初的模样。在这一点上,莱布尼茨与亚里士多德极为相似,研究领域繁多并取得了影响深远的成果,两人均可谓"通才"。在伦理学上,亚里士多德的许多思想在现代人看来并非是合理的,但他的思想仍可说是现代西方伦理学的源泉,深深影响着后来的哲学家,莱布尼茨的伦理学中毫不例外充满了亚里士多德因素。不同于柏拉图重视"理念"的世界,亚里士多德哲学主张在现实、自然中把握世界,在这个意义上,亚里士多德是一位现实主义者。亚里士多德的伦理学思想建立在他的形而上学基础上,他所主张的"智慧""意愿""实践""向善"等原则深深地影响着莱布尼茨的道德思想。此外,亚里士多德描绘了城邦社会中的生活理想、道德伦理,蕴含着人们期望实现的幸福与快乐,将幸福视为最终的目的,[①]这一精神旨归深刻地影响着莱布尼茨的道德思想。

首先,亚里士多德的形而上学和心理学构成了他的伦理学基础,试图给苏格拉底关于最高的"善"一个确定的回答。亚里士多德把"幸福"(eudaemonia)看作人的目的,是最高的善,而快乐是人在实现其特定本质的过程中产生的附属性活动,属于善的一部分。[②] 幸福需要通过一种活动实现,那就是沉思。爱智慧的人靠自己就能够沉思,因为爱智慧意味着享有更大的快乐,更容易实现幸福,因此亚里士多德认为人类最高

---

① 黑格尔. 哲学史讲演录(第 2 卷)[M]. 贺麟,王太庆等译. 上海:上海人民出版社,2013:343.

② 亚里士多德. 尼各马可伦理学[M]. 廖申白译. 北京:商务印书馆,2019:7-8.

的善是理性的生命。莱布尼茨在定义"正义"和"美德"时都借助了"智慧"一词,他认为"正义"是为了与智慧相一致而形成的善;"美德"是根据智慧而行动的习惯。对莱布尼茨来说,智慧是个重要概念,他认为智慧是"能够理解美好及其在和谐与秩序中的客观基础之性质的品质",我们对智慧理解的越多,我们的行为就越符合道德。亚里士多德主张的"沉思"是一种理性行为,而莱布尼茨提出的"智慧"建立在"理解"上,同样也是讲求理性。在这个意义上,莱布尼茨道德思想与亚里士多德是一脉相承的。

其次,亚里士多德伦理学的一个重要原则就是从"人的意志和意愿"角度去理解道德行为本身。道德意愿的根据是"隐得莱希",即人的灵魂,亚里士多德明确了伦理学中自愿或意愿与非自愿或意愿的区别。他注重人的欲望,这与柏拉图主张的禁欲大相径庭。显然,苏格拉底"知识即美德"看重知识和理智的传统受到挑战,亚里士多德明确了意志在人的道德观形成过程中的主观作用不可忽略。文艺复兴后许多哲学家如笛卡尔、斯宾诺莎在树立自己学说时都从批判亚里士多德开始,而莱布尼茨在评论笛卡尔等当代哲学家时表明他们忽略、轻视了亚里士多德思想,这反映出莱布尼茨对亚里士多德思想的重视。莱布尼茨道德思想一个重要的前提就是"人类选择的本质"这一问题,他认为人类一切行为都以"意志"为前提。莱布尼茨认为意志是一种内心的愿望或做某事的欲望,而有形实体的"力"的倾向和努力是意志的基础和动力,正是"隐得莱希"。亚里士多德与莱布尼茨均看到了道德行为的主观因素,并非只有智者具有道德,普通人同样也可以有道德行为,因为道德的基础建立在人的"主观意愿或意志"基础上,而非智慧上。

亚里士多德的伦理学对莱布尼茨道德思想的影响是全方位的,他的伦理学是一套完整的基于美德的思想,而美德就是实践智慧。相比柏拉图注重"理念",亚里士多德重视现实、生命力,主张在客观社会寻求理想的生活。亚里士多德主张美德是一种技能、一种生活方式,只能在实践中学习。① 在这个意义上,"如何做一个有道德的人"这样的问题要求我们在亲身经历中不断摸索,并不是在书本中就可以实现。可以说,亚里士多德在《尼各马可伦理学》《政治学》等著述中关于实践原则的论述成为西方实践思想研究的浓缩,开辟了实践哲学的研究之源,表达了适度

① 赵敦华. 西方哲学简史[M]. 北京:北京大学出版社,2001:91-92.

与和谐的希腊理想。对于"正义"这一道德核心主题,亚里士多德摒弃了柏拉图《理想国》中正义的形式之美,主张在社会现实中阐释正义并对其进行了详细的分类,认为社会的正义既有自然的因素,也有约定俗成的因素。亚里士多德进而分析了分配的公正、矫正的公正、政治的公正等问题,这些创见颇具意义,可谓西方政治学、伦理学思想之先导。莱布尼茨把"正义"定义为"以如此这般的方式进行活动的持久意志,因而任何人都没有理由抱怨我们",表面上"正义"是一种"持久意志",属于柏拉图"形式上的正义"范畴,即在"各司其责的基础上实现和谐"。然而,根据这一定义,"正义"实质上是一种活动原则,不仅要求我们的行为不能损害他人的福祉以免他人的抱怨,更要在帮助他人时获得他人的赞许。我们看到,亚里士多德"实践智慧"的目的论特征深刻地影响着莱布尼茨对一些伦理主题的定义,这意味着莱布尼茨整体的道德思想都具有实践指向。

亚里士多德的伦理学并不包含绝对命令或效用最大化这样的基本原则,这表明他的道德思想并不会主张人类行动的"应然性",或者遵守一套固有的原则人就会成为道德标榜,亚里士多德的美德理论是美德本身和人的性格。亚里士多德认为美德就是在正确的时间,用正确的方式,以正确的度,对正确的人做正确的事,在这里亚里士多德将美德视为人的一种独特气质,即"有道德的人本身就会理解美德并践行美德"。但"什么样的方式是正确的"呢?亚里士多德认为我们应该找到一位已经知道这一点的人并不断效仿他们,这些已经拥有美德的人是道德榜样,最终完成"学习美德、观察美德、实践美德"这一过程。在这一点上,莱布尼茨将这位"道德典范"转化成"上帝",他认为上帝是"完满的存在",人们在不断地效仿上帝中逐渐理解道德、实践道德并接近完满。

亚里士多德的美德以"适度"为原则,调和了"过分"与"不足"。亚里士多德认为,在现实中,人应该在感情和欲望面前保持"适度",应杜绝从一个极端走向另一个极端,懂得这种原则,人们才可能取得快乐和幸福,我们看到亚里士多德是一个现实主义者。这一"调和性"原则深深影响着莱布尼茨,可以说莱布尼茨一生都在努力调和各种对立,"机械论与目的论"的矛盾、"自然科学"与"传统神学"的矛盾、"现代哲学"与"古代哲学""二元论"与"一元论"。显然,它从所有系统中获得了最好的收益,然后比任何人都取得了更大进步。我们在仔细分析莱布尼茨的道德思想后发现,莱布尼茨的道德思想毫不例外在某种程度上也是在解决"过分"

与"不足"的问题,即在两个极端之间寻找一个完美的平衡点。他的"无私的爱"调和了"利己主义与利他主义""前定和谐"与"最好世界"调和了"人与自然""人与神"之间的对立,借此实现了和谐与统一,这也是莱布尼茨道德思想的重要特征。

最后,在《尼各马可伦理学》中,亚里士多德重点论述了"友爱"的内涵与本质。在他看来,友爱是把城邦联系起来的纽带,立法者们应该重视友爱生活并保持公正。① 正是因为城邦的团结,就类似于友爱,若人们都是朋友,便不会需要公正,若他们仅只公正,就还需要友爱。这种友爱观得到了继承、延续并至中世纪演化为仁爱,即上帝面前人人平等。我们谙熟西方世界的仁爱、大同正是从亚里士多德的"友爱"基础上逐渐演化而来。莱布尼茨道德思想相信"无私的爱"的存在,正是这种非功利性的爱解决了人类动机的"利己主义"和行为"利他"的道德原则。"友爱"与"无私的爱"的差别是,前者以"城邦和谐、有序、公正"为目的,这意味着人们若友爱则城邦的生活会更好,以"更好的城邦生活对每个人来说是有益的"为前提,这本质上并不是一种"利他"的"仁爱"。莱布尼茨的"无私的爱"在本质上是一种"即利己又利他"的爱,因为他人的完善也会使我们快乐,所以"爱他人"的同时也是在"爱自己"。

2.1.3　新柏拉图主义

新柏拉图主义是古希腊文化末期最重要的哲学流派,苏格拉底前的哲学坚持自然科学的立场,排除了伦理和宗教。柏拉图和亚里士多德的体系试图调整物理学和伦理学的对立主张(尽管已经承认物理学和伦理学的至高无上),但是抛弃了当时流行的宗教因素。后亚里士多德哲学在理论上都以退出客观世界为起点,尤其是伊壁鸠鲁主义和斯多葛主义等古老的唯物主义或物质主义思想的消亡之后,新柏拉图主义成为该时期的主要哲学思想。新柏拉图主义继承了柏拉图的"理念论"思想,并在此基础上做了更为精致的诠释和创新。② 新柏拉图主义的思想家们以超验的方式建构了一幅新的世界图景,对宇宙以及人类在其中的位置做

---

① 亚里士多德.尼各马可伦理学[M].廖申白译.北京:商务印书馆,2019:252-254.
② 黑格尔.哲学史讲演录(第 2 卷)[M].贺麟,王太庆等译.上海:上海人民出版社,2013:148.

了全面的阐释,把人神关系置于道德修养的核心,具有浓厚的神秘主义色彩,这对西方中世纪中的基督教神学产生了重大影响。

首先,作为新柏拉图主义的代表,普罗提诺与莱布尼茨所处时代背景都要求一种"乐观哲学"的必要性,以激励堕落的人们。黑格尔对当时的罗马有着这样的描述:"罗马世界的特点是抽象的普遍性,这种普遍性作为权力,就是冷冰冰的统治,在这种统治之下,一切特殊的个性,一切个别的民族精神都消灭了,所有的美都摧毁了。我们看到毫无生气;罗马文化本身就是毫无生气的"。① 当时罗马奢侈、堕落的生活状态使得普罗提诺认为罗马是一个堕落的世界,罗马人民渴望得到救赎。正是在这一背景下,普罗提诺在斐洛的"否定神学"的基础上完善了自己的学说,并坚信"彼岸世界"的存在。虽然这一"彼岸世界"与柏拉图的"理念世界"一脉相承,但很显然新柏拉图主义主张"彼岸世界"是未知的,人们只能通过信仰才会不断接近彼岸。在这一点上,莱布尼茨的道德思想也坚信一个"更好的世界"的存在。18 世纪的德国社会是混乱不堪的,数以百计分裂的封建小城邦经济衰退、政治腐败,这种鄙陋的状态显然落后于率先受到启蒙运动影响而不断觉醒的英国与法国,在精神领域筑造新的理想王国,激励人们按照新的道德准则行事也成为当时德国思想家的时代使命。在这个意义上,普罗提诺和莱布尼茨的道德思想的最终目标是一致的。

其次,在莱布尼茨的道德思想中,"单子是反应上帝的一面镜子""宇宙是一个和谐的实体集合体",这类重要思想的渊源要追溯到新柏拉图主义。普罗提诺认为,我们每个人都属于物质世界的一部分,不同于植物,人类是活的有机体,不仅拥有区分身体与灵魂的能力,还能够通过不断反思自己的状况关照身体与灵魂。② 灵魂是在意识和智力水平上运作的,这超越了所有其他生物的认知。正如其他一切事物一样,我们是个体单位,按照自己的意愿行动并加以团结参与到世界中。从这个角度来看,新柏拉图主义认为宇宙是一个和谐的集合体,人类的存在是整个宇宙杰出的代表。每个个体都是一个微观世界,其所有存在水平(团结、意识、灵魂、自然、物质)都被有机地结合起来。新柏拉图主

---

① 黑格尔. 哲学史讲演录(第 2 卷)[M]. 贺麟,王太庆等译. 上海:上海人民出版社,2013:149.

② 赵敦华. 西方哲学简史[M]. 北京:北京大学出版社,2001:112-113.

义者清楚地表明，我们就像整个宇宙大厦一样，都是"从太一中流溢而来"，每个人都是一个小的宇宙并表征着"神"的形象与意志。"和谐"可谓莱布尼茨道德思想的重要标签，他认为身体和灵魂存在着前定和谐，作为莱布尼茨"和谐思想"的基础，"单子"被赋予了更为丰富的意义，而不仅仅是局限于调和"身心"之间的关系。以类比的方式来看，普罗提诺的"个体"对应莱布尼茨的"单子"，"太一"对应"上帝"，"个体与太一"和"单子与上帝"存在着反映与被反映的关系，"个体"与"单子"都存在于和谐的宇宙中。

新柏拉图主义者相信灵魂的存在和永生。人类的灵魂由较低的非理性灵魂和较高的理性灵魂（思想）组成，这两种灵魂都可以被视为一个灵魂的不同力量。在这一点上，莱布尼茨对人的灵魂也进行了层次的划分，依据是不同单子的知觉能力。单子通过不断地反思逐渐提升理性的知觉能力，灵魂也随之从低层次上升到高层次，可以更为清晰地反映上帝，最终行为更为接近完满的上帝。此外，新柏拉图式的伦理思想认识到所谓的基本美德的社会重要性和价值（正义、审慎、节制和勇气），但美德的主要功能在于净化心灵和建立人与人之间更好的关系，因此，新柏拉图主义者的道德律令必然涉及个人，其目标是在人类可能的范围内平凡、和谐地实现生活。

总体而言，古希腊哲学穿越了柏拉图和亚里士多德的黄金时代以后开始衰落，并陷入了新柏拉图主义的黑暗中。但是，从道德的角度来看，新柏拉图主义在创造和维持的"道德生活"方面所做的努力是不可忽略而且纯正的。一方面，在哲学领域引入了一个无所不在的利益主导——宗教；另一方面，为西方哲学引入了新的第一原理，即"超理性的存在"。柏拉图的"思想"或亚里士多德的"形式"都不能确定这一"超理性"原则，在他们看来，无论是感知和理性的认知都不是宗教伦理存在的充分基础或正当理由。因此，新柏拉图主义脱离了理性主义伦理和功利主义道德，致力于找出一个新的世界和新的精神功能，这对后来莱布尼茨道德思想的"神秘色彩"和"启示意义"产生了深深的影响。

2.2　基督宗教传统对莱布尼茨道德思想的影响

2.2.1　奥古斯丁

作为西方思想史上最伟大的基督教哲学家,奥古斯丁的思想中充满着心灵之关切、信仰之激情,在西方基督教传统中,他一直保持着无可争议的地位,被视为一位影响最深远、最持久的"现代人"。"恶"与"自由"一直是哲学领域,特别是道德领域中的两个核心问题,奥古斯丁的善恶观直接影响了莱布尼茨关于"善恶"与"自由"的定义,这也是莱布尼茨道德思想的核心内容与主要逻辑线索。

在奥古斯丁那里,意志观念与"恶"的思想密切相关,对莱布尼茨来讲,"恶"与"自由"不仅触及"最好世界""和谐"等核心道德思想,同时"意志自由"也是莱布尼茨道德思想的基本前提。奥古斯丁认为,人类只有靠其意志才会感受到生活的幸福或者不幸。在《论自由意志》中,奥古斯丁详尽地表达了他的善恶观,认为恶是缺陷,是本质的缺乏,是善的遗漏。① 在关于"意志自由"和"恶的起源"这两个问题上,莱布尼茨的道德思想是对奥古斯丁精神的继承。奥古斯丁将"恶"分为三种:物理的恶、认识的恶、伦理的恶。物理的恶是由于自然万物与上帝相比的不完善性所致,任何自然事物作为被创造物都"缺乏"创造者(上帝)本身所具有的完善性。"认识的恶"是由人的理性有限性所决定的,人的理性不可能达到上帝那样的全知,从而难免会在认识过程中"缺乏"真理和确定性。"伦理的恶"则是由于意志选择了不应该选择的东西,放弃了不应该放弃的目标,主动地背离崇高永恒者而趋向卑下世俗者。其中,伦理的恶是邪恶的或者有缺陷的意志的结果,最坏的恶是神性的缺乏,即拒绝上帝或最高的善,人类行为的善与恶是意志自由选择的结果。

―――――――――――

① 奥古斯丁. 论自由意志[M]. 成官泯译. 上海:人民出版社,2020:85-86.

在《神正论》中,莱布尼茨运用矛盾律和充足理由律证明了上帝的存在,也展开了关于"恶"的讨论,重申了"最好世界"的主张。莱布尼茨将"恶"分为三种:形而上学的"恶"、物理上的"恶"与道德上的"恶"。① 形而上学的"恶"是缺乏绝对的"善",这种"恶"在上帝创造的所有世界中普遍存在,形而上学的"恶"的存在足以动摇人们对"最好世界"描述的怀疑;对于物理的"恶"(如肢体残疾、自然灾害等)和道德的"恶",莱布尼茨认为正是这样的"恶"的存在映衬着总体的完善。他借用了交响乐的类比:在一场音乐会中,正是由于噪音的存在,观众感受到刺耳,当一切归于有序时,他会感到更大的满足。因此,这两种"恶"的存在是必要的。通过对"恶"的阐释,莱布尼茨得出了"整体完美"的结论,也就是在整体完美的态势下,世界是容许小恶存在的,因为如果小善妨碍了大善,那小善就是恶的;如果小恶造就了大善,那么小恶也就成为一种肯定的存在了。

承认"恶"的存在可以被看作莱布尼茨的妥协,但"世界充满恶"这样的问题又是一位思想家不可回避的话题。莱布尼茨为上帝找到了道德完善与物理完善的一个平衡点,这表明世界上物理的"恶"与道德的"恶"与最好世界是相匹配的,可以共存的。这里莱布尼茨不仅调和了世界的"恶"与上帝之间的矛盾,更是在捍卫乐观主义论调,"这个世界是所有可能世界中最好的一个"是绝对意义上的,而非相对意义上的。同是为人的自由找到合理的基础,即"恶"是由人的自由意志所致。那么上帝赋予人以自由意志是因为上帝的"无知、无能、非善"吗?并非如此,上帝赋予人自由意志是为了人有尊严、体面地生活,人的意志自由是"人之为人"的本质,因此上帝这样做是正当的、正义的。

莱布尼茨关于"所有可能世界中最好的"这一学说的论点,现在通常被称为莱布尼茨乐观主义,在他致力于捍卫上帝公正的著作《神正论》中以最充分的形式呈现出来。因此,这一论点是莱布尼茨对邪恶问题的有力回应,或者说,是在解决上帝是全知、全能、全善的假设与世界上邪恶事实之间的矛盾。莱布尼茨认为,上帝是全知、全能、全善的,上帝创造了世界,他知道哪一个可能的世界是最好的,并选择创造那个世界,因此,这个世界即是现存的世界,是所有可能的世界中最好的。虽然黑格尔这样评价:"莱布尼茨的《神正论》对于我们来说已经不再是完全可以

① 莱布尼茨 . 神正论[M]. 段德智译 . 北京:商务印书馆,2018:199

接受的了,这是一种在尘世的罪恶方面为神所作的辩护",①但在黑格尔那里似乎忽略了莱布尼茨所处的时代因素,当时德国社会的基本性质和基本特征还是落后、封闭的封建专制,莱布尼茨思想具有早期资产阶级软弱性,这与他思想中想求得自身发展的积极因素明显矛盾。莱布尼茨不可能宣称自己的道德思想中根本没有"神"的立足之地,或者说"只是借助理性神学去解决世俗问题",但我们看到"所有可能世界中最好的一个"表达着社会理想中的进步性因素,莱布尼茨的努力在于使现存社会成为一个荣光上帝的社会、一个充满爱和正义的社会。

奥古斯丁对莱布尼茨道德思想的影响还体现在关于"两个世界""两种爱"的划分上。奥古斯丁出生于西罗马帝国的最后一个时代,罗马之所以被称为"永恒之城",是因为世人坚信它绝对不会失败。然而,罗马帝国的崩溃让当时的罗马人以为世界本身似乎被摧毁了,每个人都在寻找该做什么和该信仰什么的答案。奥古斯丁区分了所谓"上帝之城"与"世人之城",两个世界的二分法可以理解为柏拉图"理念世界"与"现实世界"的继承。两个城在现实中是混合在一起的,奥古斯丁同时重点论述了"美"的根源,"善"的本质等伦理问题。《上帝之城》中两个世界建立在两种"爱"的基础上,即神圣的"爱"和社会的"爱"。爱是至高无上的美德,是其他所有美德的来源。奥古斯丁通过两种"爱"的不同表现形式——上帝不仅希望人类能够因其相似的本性而相互联系,而且希望他们能够通过关系的纽带而和谐、和平地结合在一起,这要求我们不仅要爱自己,更要爱我们身外的事物。② 奥古斯丁的伦理思想具有明显的理想主义色彩,宇宙中的最高的"善"是一种超验的存在,这一完美的"善"存在于对上帝的爱中,只能在信仰中把握。这样的"理想主义"被莱布尼茨继承下来,在此基础上,奥古斯丁主张"通过信仰实现对上帝的爱"被莱布尼茨加以改造,突出了理性因素在"善"与"完满"中的作用。诚然,奥古斯丁并没有完全意识到"哲学"和"神学"在中世纪和现代的区别,具有一定的时代局限性。事实上,莱布尼茨的许多思想都源自奥古斯丁,并不断加深与创造。两人思想中千丝万缕的纠缠反映了理性与信仰、哲学与神学的勾连,这直接促成莱布尼茨的道德思想具有深深的神学色彩。

---

① 黑格尔. 哲学史讲演录(第4卷)[M]. 贺麟,王太庆等译. 上海:上海人民出版社,2013:172.

② 奥古斯丁. 论自由意志[M]. 成官泯译. 上海:人民出版社,2020:21-23.

2.2.2　托马斯·阿奎那

如果说奥古斯丁的神学是柏拉图主义、基督教义和自身经历三者结合的产物,那么阿奎那则在神学领域引入了亚里士多德的思想,主张在现实中论证上帝存在的必要性。受此影响,阿奎那较奥古斯丁的进步之处在于:一方面他区分了哲学与神学,认为神学源自天启,哲学基于理性,理性有助于了解天启,二者是不矛盾的;另一方面在神学领域引入了亚里士多德的因素,由于亚里士多德的很多思想如"灵魂可朽""上帝不能从虚无中创造世界"违背了基督教义,因此基督神学家对这位古希腊先哲多持否定的态度。而阿奎那的神学思想积极地吸收了亚里士多德哲学的系统性与现实性因素,在表述观点时采用亚里士多德式的逻辑的形式论证,这奠定了亚里士多德在神学中的地位,并让亚里士多德思想的光芒延续至文艺复兴为止,在那以后柏拉图恢复了亚里士多德思想在哲学家心中的崇高地位,而莱布尼茨是在同时代中最推崇亚里士多德的哲学家。可以说,托马斯·阿奎那是中世纪经院哲学的集大成者,他的神学继承并柔和了奥古斯丁和亚里士多德的思想,他的《神学大全》是整个经院神学中的主要著作。

首先,托马斯·阿奎那将"智慧"视为从属于宇宙的目的,在这一点上,莱布尼茨对"智慧"的定义与之相一致。对于莱布尼茨来说,智慧在其道德思想中扮演着重要的角色。在表述"正义"与"智慧"的关系时,莱布尼茨认为正义是为了与智慧相一致而形成的善。针对"美德"与"智慧"的关系,莱布尼茨将美德定义为根据智慧而行动的习惯。这里就涉及关于"智慧"本身的含义,莱布尼茨将其视为"能够理解宇宙的美好及其在和谐与秩序中的客观基础之性质的品质"。我们看到莱布尼茨继承了阿奎那"将智慧视为宇宙的目的"这一观点,前者对宇宙"和谐""美好"之规定即是后者提出的宇宙的"善",而"智慧"正是理解宇宙的手段,只有对宇宙性质理解得越多,我们的行为才会越符合道德。

其次,托马斯·阿奎那的幸福观并非明确的定义或现实规定,认为一个人的真正幸福不在于道德的行为,而在于对上帝的沉思默想,因为道德行为不过是手段。"幸福"作为经典的伦理范畴在不同时代被思想家们给予不同的回答,而莱布尼茨的幸福观与阿奎那一样并没有明确告诉我们"什么是幸福",而是借助上帝明确是实现幸福的路径。莱布尼茨认为:"爱上帝可得到最幸福的结果,因为任何幸福都超不过上帝,同时,任何东西都不可能被知觉为更美好和更值得幸福"。① 在这里我们发现,托马斯·阿奎那将幸福视为"信仰上帝之行为",莱布尼茨将幸福理解为爱上帝本身,两人对幸福的理解均关乎上帝,建立在神学基础上,从"上帝是幸福的目的"到"上帝是幸福本身"的转变即具有内在关联性,又是一次在原有基础上的超越。

最后,托马斯·阿奎那区分了哲学与神学,强调了哲学的"理性"在神学中的重要性,"理性"与"信仰"的关系问题贯穿于莱布尼茨的道德思想中。对于如何理解托马斯·阿奎那这一问题,许多当代哲学家显得犹豫不决,这主要是鉴于他官方神学家的身份。然而,阿奎那的著作更多被人解读为逻辑严谨、突出理性的哲学著作,在他的神学著作中,充满了具有哲学特征的广泛讨论。因此,当寻求托马斯·阿奎那在这个问题上的立场时,哲学家经常引用他最著名的著作《神学总论》。书中托马斯·阿奎那重点关注了两个问题:哲学如何为神学提供依据? 如何区分哲学和神学? 在这一点上,莱布尼茨的道德思想与神学紧密相连,神学最终指向了道德,如果说中世纪经院哲学立足于"哲学为神学服务",到莱布尼茨那里则是"神学为道德服务"。

2.3 近代欧洲哲学家对莱布尼茨道德思想的影响

2.3.1 弗朗西斯·培根

莱布尼茨的道德思想是对古希腊、中世纪伦理思想的继承与改造,同时也与同时代的欧洲思想家们有着千丝万缕的关联。随着文艺复兴的到来,"哲学沦为神学的婢女"这一困局得以终结。哥白尼、达芬奇、伽

---

① 加勒特·汤普森. 莱布尼茨[M]. 李素霞,杨富斌译. 北京:清华大学出版社,2019:122.

利略等思想家都在这股潮流中有力地表达着对"人本主义"的倡导与捍卫。文艺复兴后,伴随着主体意识的觉醒和对人的价值的追寻,旧的伦理思想不能满足人的发展需求,思想家们开始选择代之以人的主体意识为起点开启新的道德思想。人的主体意识在本真的语境中是指:人作为构成社会和国家的最终实体与基本单位,在与外部事物交叉作用的过程中所产生的对自身行为的观念的认知,其价值在于实践中表现出来的平等、自由、理性和道德等原则。西方近代哲学家的道德思想从人的主体意识这一维度考察,不仅表现为"君权神授"到"人造国家"的转变,而且表现为人放弃"天然自由"而获得"契约自由"的自由权利让渡,还表现为从新的角度开启关于人与人之间、人与国家之间的解释路径。文艺复兴这场伟大的思想解放运动不仅冲破了封建制度和宗教神学的束缚,推动了欧洲思想领域的繁荣,同时肯定了人的价值与力量,主张在现实中寻求人的幸福与自由。

培根被视为经验哲学家的首领,是文艺复兴时期最有影响力的思想家,他对知识和人类获得知识的方法进行了全方位的探索。培根认为学问本身不是智慧,而将学问应用于具体实践中才是智慧,"知识就是力量"而非仅仅作为思考工具或思考方式。在这个意义上,培根是一位功利的"实用主义者"。培根把经验当作认识的唯一真正来源,主张以实践的方式研究科学,在现象界普遍收集资料,相信这是科学的新途径,[①]并将此视为与亚里士多德工具论相对立的"新工具"。[②] 虽然培根所开创的唯物主义经验论与莱布尼茨的唯心主义相对立,但他的道德思想对莱布尼茨是有启发的。培根的哲学是基于对客观现实或人的精神本性(表现为人的爱好、欲望、理性特点、正义)的经验和观察的哲学体系,他的道德思想核心也是主张用科学知识建构"理想之地"。培根认为,伦理学的研究范畴是意志、欲望和情感,包括描述善的本性,并为遵守这一本性制定规则。在《新大西洋岛》中,培根关于所罗门宫的设想沿袭了过去哲学家对"理想社会"的向往之意,只不过他主张通过科学知识促进生产,增加社会财富,建设理想社会。

培根以文学的方式描绘出一幅理想社会的图景,体现了培根对未来

---

① 黑格尔. 哲学史讲演录(第4卷)[M]. 贺麟,王太庆等译. 上海:上海人民出版社, 2013:21.

② 文德尔班. 哲学史教程(下)[M]. 罗达仁译. 北京:商务印书馆,2015:63.

理想社会的憧憬。可以说,"对理想社会的追求"这一哲学旨归在培根这里得到了很好的延续,这位近代哲学家的伦理思想提供了一个古老又崭新的问题域。这一问题的古老之处在于从古希腊到中世纪,实现"一个更好的世界"是思想家们的精神向往之处,柏拉图的理念、亚里士多德的实践智慧、奥古斯丁的信仰、阿奎那的理性基础上的信仰都是实现这一目标的方式,而这一问题的崭新之处在于培根开启欧洲近代思想之先河,主张在科学知识的基础上建构理想社会,这一问题也在那个时代的哲学家中有着不同的答案。莱布尼茨的道德思想与他所处的时代是密切关联的。莱布尼茨处在欧洲三十年战争后的时期,德意志民族仍处于封建蒙蔽、落后的状态,面对英国、法国、荷兰等国的迅速崛起,德意志民族充斥着失落、悲观的精神状态。莱布尼茨的使命正是勾勒出一幅新的世界图景,赋予残酷的现实一种新的意义,孕育一种乐观主义精神和积极的处世之道以慰藉人们的心灵。不同的是,莱布尼茨的道德思想建立是以实体为基础的,而非培根主张的"认识的来源是经验""用科学知识构筑理性王国"。在莱布尼茨那里,认为世界是二分的,真实的世界是精神性的"理念世界",感性存在是不完善、不真实的。同时受到斯多葛学派的影响,认为世界是一个有机整体,各部分都存在着密切的联系。正是在这个意义上,莱布尼茨以形而上学的方式论证了"我们所生活的这个世界是一切可能世界中最好的一个"。

2.3.2 霍布斯

近代启蒙思想家开始反思精神觉醒,批判复苏,在理智领域反对神学控制,在理性能力范围内遵守信仰。霍布斯受文艺复兴和宗教改革影响,其阐释道德思想的视角也从中世纪神的启示转变为人类的自然本能规律,主张不借助超自然的预设来解释内在和外在的自然,从对人性的形而上学分析入手去阐释自然状态下人的行为。作为培根的继承者,霍布斯把"自然权利"作为道德原则和政治原则的"权利"观念,这是具有首创性意义的。①

---

① 列奥·施特劳斯. 霍布斯的政治哲学[M]. 申彤译. 南京:译林出版社,2012:76.

　　首先,霍布斯对莱布尼茨道德思想的影响体现在人的"自然权利的优先性"原则上。霍布斯的伦理学与法学表现出不同于自然科学精神的极大独创性,主要体现在自然状态下人的"自然权利的优先性"原则。针对过去社会契约学说内在逻辑强调"自然法则"决定"自然权利"的观点,霍布斯从自然法是永恒不变的传统观点出发,与前期哲学家不同的是他确立了人的自然权利优先性原则,规定自然权利为个人的天赋权利,这就是从"自然权利"去寻求国家这个最高的存在,而不是在"自然法则"中去寻求国家。"自然权利"作为人的主体意识在自然状态下的现实显现,是人的主观性规定与自然法则的客观性规定相互勾连的衍生物。由此看来,国家的起源总是同人的主体意识产生关系,又总是对人的主体意识产生影响,要充分肯定人在社会契约理论中的主体地位。霍布斯首先假设自然状态这一客体的存在,这一状态下自然法则也是永恒不变的客观秩序。在面对过去契约思想中"自然法则决定自然权利"的缺陷与滞后时,霍布斯提出了"自然权利优于自然法则"的伦理思想,并把这个作为道德原则和政治原则的"权利"观念,这无疑是首创性的并具有积极的意义。虽然我们在莱布尼茨的作品中很少看到"自然法则"一词,但"最好世界中的秩序与和谐"或"前定和谐"可以被理解为莱布尼茨话语下的"自然法则"。在"前定和谐"原则的规定下,人的地位和生活方式成了一个核心问题。人的"权利优先性"原则保障了人的行为的正义性与合法性,在此基础上,莱布尼茨认为人的权利应该以善和智慧为基础。在这个意义上,人的"权利的优先性"在莱布尼茨那里就表现为:即使上帝不存在,道德的真理性依然存在,这为人的道德行为提供了根据。

　　其次,霍布斯对莱布尼茨道德思想的影响还体现在"个人主义倾向"中。虽然霍布斯表示国家是强大的利维坦,即尘世间的上帝,君主从它那里获得至高无上的权利,其体现出来的个人主义倾向源于其极端的王政观点,目的在于对专制权力合法性辩护。我们只有从人的主体意识维度上考量才能更好地把握霍布斯契约思想的真实意义所在。欧洲 16 世纪末的"宗教改革"以新教的出现这一形式肯定了文艺复兴提倡的人的主体意识的觉醒和人的自由的价值,在这个基础上"主体意识"和"人的自由"的价值之光辐射到道德领域和政治领域。《利维坦》一书中流露着诸如"国家是人的技巧创造""臣民只有在君主能够保护他们的情况下才有服从的义务""君主的义务在于建立一个人民的好政府"①这样人性化色彩十足的观点,实际上霍布斯极度推崇的专制君主制也是为了更好地实现个人的价值。人的"自然权利"决定了契约中转让权利的民众的目的是保全性命,而这一"保全性命"并不是苟且偷生,而是在对生命不厌倦、社会正义和平的条件下生活,人们是为了真正的自由而选择接受制约。霍布斯强调,每个人自觉自愿的行为都离不开自己的目的和愿望,尽管有时候存在心甘情愿地为他人造福谋利的人以及牺牲自我的人,但无论是日常生活还是在紧要关头,人们首先会本能地考虑自己的生命财产和健康幸福。

整体而言,霍布斯始终以"人"为出发点和落脚点去塑造道德体系和政府形态,其主要原则是高扬个人权利,17 世纪盛行于欧洲近代的个人自由主义在霍布斯的道德思想中找到了意义归宿。可以说,霍布斯的道德思想充满着人性化特征,其中对主体意识及以主体意识为动因的自利原则的推崇,是霍布斯契约思想变革中最富近代的因素。霍布斯与莱布尼茨"个人主义倾向"形成了共识,这表现在莱布尼茨道德思想所体现的个体性原则。从莱布尼茨的学士论文"论个体性原则"开始到最终的单子论,关于个体的探讨是贯穿其整个思想生涯的。莱布尼茨的道德思想是以"实体"为基础的,而这里的"实体"被赋予了个体性,可被理解为"以个体形式存在的实体",也可以被理解为"以实体形式存在的个体"。莱布尼茨认为每个单子都是一个独立的世界,表征着宇宙,除上帝以外这些单子不依赖于任何东西存在,由于没有"可进入的窗户",单子并不能接收任何因果关系的影响。因此,莱布尼茨将单子的自由理解为一种个体的自由,一种人的自由。

2.3.3　笛卡尔

笛卡尔被誉为近代哲学的始祖,在亚里士多德之后,他是第一个拥有高超的哲学能力并建立一个完整的哲学体系的人。调和机械论同上帝、灵魂和自由观念的矛盾,是他哲学的出发点和主要任务。作为一位热忱的理性主义者,笛卡尔"我思故我在"表达着一种主观主义倾向,将

---

① 霍布斯.利维坦[M].黎思复,黎廷弼译.北京:商务印书馆,2017:33.

物质视为只有从精神出发并通过推理才会被认识的东西。另一方面，笛卡尔强调哲学的实践特征，与培根不同的是笛卡尔将数学作为其哲学方法的典范，他试图将哲学构建为一个像数学一般具有稳定性和确定性的思想体系。

　　莱布尼茨道德思想的基础是实体，而关于实体的定义和理解很大程度上是基于对笛卡尔的"广延实体的描述"这一批判上，这为找到实体的能动性、整体性奠定了基础。笛卡尔认为世界由两种实体构成，即意识和物质，意识的本质是思考，物质的本质是广延。在他看来，人是由身体和心灵两个实体构成的，身体的属性是广延，是消极的；心灵的属性是思维，是积极的和自由的。这两种实体截然不同，身体没有思维，心灵也没有广延。莱布尼茨认为笛卡尔将物质视为全无内在力量的消极实体的结果，而能动性恰恰是实体的本质。① 这一想法同样体现在莱布尼茨对马勒伯朗士的偶因论批判上，指出被造实体拥有真正的因果权力，这并不意味着莱布尼茨彻底否认了偶因论，而恰恰是积极地吸取了偶然性因素。基于对笛卡尔和马勒伯朗士的批判，莱布尼茨赋予了实体以整体性、不可分割性和能动性，这为阐释道德必然性与人的自由问题奠定了基础。

　　莱布尼茨在阐释他的道德思想时沿用了笛卡尔的推理式方法，比如正是论证了上帝的存在，所有可能世界中最好的世界才是合乎理性的。"这个世界是所有可能世界中最好的一个"是莱布尼茨道德思想的核心思想，而"最好世界"的理论成立需要一个前提，就是上帝的存在。在莱布尼茨看来，存在一个完美的上帝，而关于上帝存在的本体论阐述莱布尼茨追随了笛卡尔的证明。笛卡尔关于上帝存在的证明并非从神学的角度出发，而是以数学逻辑推理的方式去证明。他提出了两个基本原则：观念的客观实在性与实在性的因果原则。笛卡尔把人的思想分为三类：观念、情感或意志、判断。观念包括凭空想象的、源自外界的和天赋的，其中天赋的观念并不依附于心灵，而是依附于一个实体，这个实体并不是精神性的而是物质性的，因此这类观念是存在的，而且比那些源于外界印象的观念更加真实、客观。笛卡尔将外部世界投射到我们心里的观念称为有限实体的观念，而那些天赋的、更为真实的观念被称为无限实体的观念。显然，无限实体的客观实在性比有限实体的更丰富，因此，

---

① 尼古拉斯·乔里. 莱布尼茨[M]. 杜鹃译. 北京：华夏出版社，2013：39.

在笛卡尔心中有个至高无上的、全知全能的、创造了一切的"上帝"的观念,这一观念比起有限实体观念更加客观实在。按照实体性的因果原则,任何结果都是由某种原因引起的,结果所包含的实在性不可能多于原因中所包含的实在性。笛卡尔在"我思故我在"中存在着一个正在思考的"我",正是在这个有限实体的"我"之中却有一个无限的观念是"上帝",根据因果性原则,一个有限的实体不可能包含无限的观念的原因,那么这个无限的观念的原因意味着一个无限的实体的存在,而这个无限的实体只可能是上帝。因此,上帝是一个无限实体的存在,赋予我们无限的观念,而且是全知全能完满的存在。同样的道理,一个较不完善、有限的自我不可能是"上帝"这一完善的、无限的观念的原因,因此"这一观念"必定是一个无限的存在者置于我心中,因此上帝必定存在。莱布尼茨对上帝存在的证明分为三个维度:本体论证明、宇宙论证明、前定和谐证明。在本体论证明中,莱布尼茨认为上帝是绝对完满的存在;存在就包含在完满性之中;存在属于上帝的本质;因此,上帝必定存在。

2.3.4　斯宾诺莎

斯宾诺莎超越笛卡尔的地方在于:上帝不再是拟人化的超自然的存在,也不再是世界法则的制定者和掌权者,而是世界法则本身。所以,善与恶、幸福与痛苦这样的伦理问题并不能被归纳为上帝的范畴,而是人类的因素。可以说,斯宾诺莎在人类伦理问题研究上取得了卓越的成就,深刻影响着莱布尼茨的道德思想。

斯宾诺莎的哲学采取绝对真理的形式,采纳了实体的观念并进一步丰富了其含义,他的理性伦理学强调理性对感性的驾驭,形成一种追求抽象真理的价值观。斯宾诺莎把他最成熟的作品称为《伦理学》,认为"心灵最高的善就是关于上帝的知识,心灵的最高道德就是认识上帝",①这一目的只有通过哲学才能实现,伦理学必须建立在形而上学基础上。斯宾诺莎的体系在伦理学上达到了顶峰,在他看来,形而上学并非第一哲学,伦理学才是,其他学科都应为伦理学服务。《伦理学》主要是对人的行为与生活方式的研究,神、心灵、情感、理智、自由都是研究范

---

① 斯宾诺莎. 伦理学[M]. 贺麟译. 北京:商务印书馆,1998:54-55.

畴,其中包括作为个体的人、人与人的关系、人与国家的关系三个维度。不同于传统伦理学的理论视域,神学、政治学等方面的论题在斯宾诺莎那里被纳入伦理学的探讨范围内。这同时也说明,斯宾诺莎把伦理学推进到了普遍哲学的层面,他的伦理学就是他的哲学本身。

　　莱布尼茨的道德思想在很大程度上采纳了斯宾诺莎在《伦理学》中的主题,并将幸福建立在理性上。斯宾诺莎的道德哲学想要证明的是关于上帝、自然,特别是关于我们自己的真理,以及社会、宗教和美好生活中最为确定和最为有用的原则。尽管在《伦理学》中,形而上学、物理学、人类学和心理学占据了第一部分到第三部分,斯宾诺莎还是将这部作品的关键信息传达给了人们,即在本质上是伦理的。它表明,我们幸福与否不在于生活中我们通常追求的激情和短暂的物质因素,也不在于对宗教的过分崇拜和无反省的依恋,而在于理性的生活。

　　斯宾诺莎认为自由是伦理学中的最高观念,是思想的最终目的。在这个意义上,斯宾诺莎对莱布尼茨的道德思想具有启发性。斯宾诺莎界定自由为"凡是仅仅由自身本性的自然性而存在,其行为仅仅由他自身决定的东西叫作自由"。① 我们看到自由的前提是本性的"必然性",然后才是"决定去做什么"。这意味着斯宾诺莎自由观的重点在于尊重人或自然的本身规律,并不是恣意妄为。斯宾诺莎从三个维度进一步阐释了自由的内涵:在审视人与自然的关系时,自由就是对自然必然性的认识;在审视人与社会的关系时,人与人应彼此关爱,这样更容易各取所需。国家需要法律,但法律必须建立在理智的基础上,公民必须遵守理性的法律。在这样的国家里,人们比在自然状态中更自由。在审视人自身时,斯宾诺莎看到了人的主观意志和情感因素,他主张克制欲望才会使心灵按人自身本性活动,才会成为自由的人。关于自由的实现途径,斯宾诺莎认为理性是自由的前提,自由不是随心所欲,是对必然性的认识。在理性的指导下去行动、活动、实践,进而实现自由。我们看到无论是社会、国家、人本身都存在限制人自身必然性的感性因素,人的自由是向往那个唯一的真实存在的实体,这个实体就是自然(神)。莱布尼茨认为神、世界、自然是三位一体的,神就是自然、世界,幸福和自由寄托在一种对神的持久的、永恒的爱上。因此,斯宾诺莎的道德学的纯洁与高尚就体现在人的思想和意愿以这个永恒的实体为依归。

---

① 　斯宾诺莎. 伦理学[M]. 贺麟译. 北京:商务印书馆,1998:2.

　　莱布尼茨的道德思想在很多情况下采取了斯宾诺莎式的论证方式，即"从探讨实体的属性开始然后最终归于伦理"，同时"人们越善良越接近上帝""道德本身即是幸福"这样的经典论断都存在于莱布尼茨和斯宾诺莎的伦理学中，二者"从探讨实体的本质出发，最终指向人类的幸福"这一道德思想的演进路径是高度一致的。

第 3 章　莱布尼茨道德思想的发展与确立

3.1　道德思想的萌发

3.1.1　时代背景

　　莱布尼茨 1646 年出生于德国莱比锡,他的父亲弗雷德里希是莱比锡大学著名的伦理学教授。父亲赋予莱布尼茨的是爱学习的好习惯,莱布尼茨在阿尔特多夫和耶拿大学学习法律、哲学和数学,20 岁时获得了博士学位,这注定了莱布尼茨的一生都要在思考和阐述其深刻的思想中度过。莱布尼茨所处的 17 世纪后期是一个神学逐渐衰落、新兴科学逐渐崛起的时代。在文化方面,神学限制了科学和哲学的进步。从哥白尼到牛顿,自然科学的发展使上帝的立足之地日益缩小,逐渐失去现实基础。文艺复兴解放了人们的思想,推动近代科学诞生,给封建神学带来巨大的挑战。与莱布尼茨同时代的科学家们,以牛顿为代表持着朴素的唯物主义哲学观点和一套初具规模的物理学方法论体系,极大地促进了物理学及整个自然科学的发展。当时的德国处在一种浓郁的宗教氛围中,文化上毫无生气,上流社会讲法语,学术界用拉丁文写作,宫廷中效仿着法国的风气,大学也不参与现代文化的传播。无论是语言上、学术上以及上流社会的流俗中,德国的文化发展都处于低谷。

  在政治方面,正值三十年战争结束时期,德意志被分割为四分五裂的小公国,相较于英国、荷兰、法国,德国仍处在封闭、落后的状态,人们生活在弥漫着悲观主义论调的社会中,对当时的德国人来说这个世界显得残酷而无意义。就是在这一时代背景下,莱布尼茨的思想被赋予了构筑世界新的图景、让世界理想化、重拾信心、树立积极乐观的生活态度的使命。

  在哲学领域,17 世纪欧洲思想界非常活跃,欧洲哲学仍沿袭着 13 世纪以来占统治地位的亚里士多德式经院哲学的传统,这得益于大量亚里士多德著作被重新发现并被翻译成拉丁文。然而,在莱布尼茨开始接触哲学的 17 世纪中后期,这一哲学传统发生了改变。一种新的哲学开始出现,伽利略式的分析方法、笛卡尔式的数学推理方法应用到哲学领域,用以探讨自由、善恶、上帝存在等问题。① 在莱布尼茨到访法国之前,他对新哲学的了解甚少,学院里的亚里士多德基督神学传统和文艺复兴的人文主义是他思想的最初来源。在巴黎工作期间,莱布尼茨接触到惠更斯等思想家,这对他的思想转向新的哲学起了决定作用。

  正是基于以上几方面因素,莱布尼茨哲学一方面具有明显的调和性,另一方面又体现了一种积极性,而这种积极性又表现为道德"乐观主义"。莱布尼茨的乐观主义实质上是一种普遍理性的思想自觉,人们在理性的驱动下将自己当作对象来审视,通过新的道德规范去解释世界并进行实践。莱布尼茨的乐观主义把人们追求快乐和幸福视为人的"自然权利",这反映了文艺复兴后欧洲"人本主义"关怀和新哲学方式的激励。在莱布尼茨形而上学体系建立之前,他的哲学重点是"人如何幸福的生活"这一道德问题,因此,在这一时期,有必要从人的主体意识这一维度来审视莱布尼茨的道德思想。在莱布尼茨早期的书信中,通过对人性、自然权利、宇宙的重新界定,摒弃了霍布斯偏好绝对权威的价值取向,进而实现以人的幸福为理论旨趣的和谐世界观。② 莱布尼茨的早期思想中弥漫着理想主义色彩,塑造了一个充分代表人民的、全能的、道德的"共同体",这个共同体的规定是个体主体意识的集合,既不凌驾于个体之上,也不偏离于个体之外。在这个意义上,莱布尼茨的道德乐观主义

---

① 黑格尔.哲学史讲演录(第 4 卷)[M].贺麟,王太庆等译.上海:上海人民出版社,2013:68-69.

② 加勒特·汤普森.莱布尼茨[M].李素霞,杨富斌译.北京:清华大学出版社,2019:117.

是对过去西方伦理思想的继承与超越,又是决定性的颠覆。这一颠覆体现在莱布尼茨走出中世纪的禁欲主义,再一次将"追求世俗快乐"作为理论的起点和终点。从人主体意识觉醒的维度审视莱布尼茨的乐观主义,是要理解世俗的人们"幸福、快乐"的天赋权利,要阐释作为主体意识的化身的"公意"如何寻找个人与集体之间完美的结合,更要理解道德思想的主体性指向和现实性构造,正是在这种内容逻辑的演进中,莱布尼茨开辟了在现实世界中实现幸福与快乐的路径。

虽然莱布尼茨的道德"乐观主义"具有理想化色彩,但其主体性指向即关注人的幸福、快乐及理想诉求等问题,为当时的德意志民族注入了强大的精神动力。具体而言,莱布尼茨早期道德思想的基本指向是以"现实中人的快乐和幸福"为基础的,通过对经院哲学的不断开掘和超越,对人的"趋乐避苦"的本性进行了理论表述,推动着人对自身存在性质的重新认定,使人们建构理想社会的追求成为可能,最终为人的道德行为找到了价值归宿。

3.1.2　关于道德问题的探讨

在美因茨时期(1667 年—1672 年),莱布尼茨的身份是博因堡男爵的助理,从事图书馆馆长的职务,同时莱布尼茨着手于制定普遍知识体系。在这一时期,神学、形而上学和伦理是莱布尼茨书信和笔记的核心内容,其中关于正义、和谐这样的伦理问题的探讨让莱布尼茨的道德思想已初具规模。在 1669—1771 年间,莱布尼茨以笔记的形式完成了《自然法的因素》一书,书中探讨了神的正义与人的正义、宇宙和谐的问题。《自然法的要素》是莱布尼茨与赫尔曼·安德鲁·拉塞尔一起在美因茨进行法律改革的项目,以理性法学的形式完成。拉塞尔负责最后两部分,涉及法律的改革,莱布尼茨承担了前两个部分——自然法要素和当代民法要素。虽然名义上该书并非像斯宾诺莎《伦理学》那般是一部独立的道德著作,但其中重点讨论的主题和最终指向都是伦理。① 书中开篇探讨了幸福的内涵,莱布尼茨认为幸福应包含两个方面:在允许的范围内拥有权利;按意愿行事和理解遵照自然本质的意愿。人类已经实现

---

① Brown Gregory. *Leibniz's Moral Philosophy*[M]. Cambridge:Cambridge University Press,1995:35-37.

了前者,对于后者却无能为力。随着人类权力的不断扩张,我们显然成为了宇宙的征服者。然而,对于自身心灵的了解,我们显得很无知。莱布尼茨认为,快乐的科学是医学,实用的科学是政治学,公正的科学是伦理学。此时的莱布尼茨仍秉承机械主义观点,认为快乐是痛苦的对立面,通过医学去实现物理意义的快乐。不可否认的是,莱布尼茨借助幸福的内涵引申至欧洲伦理思想的缺失,这关联着道德存在的必要性与可能性问题。同时,莱布尼茨的幸福观在这一时期已经呈现出一种利他主义倾向,他认为个人的好与他人的好是紧密关联的,没有人会在悲观的环境里体会到幸福。

在莱布尼茨道德思想萌芽时期,"和谐"与道德的人和世界紧密关联。在 1671 年写给马格努斯·韦德科普夫的信中,莱布尼茨第一次提出了"和谐"的思想。他认为神的意志依靠的是神的智慧,上帝总是有意愿去选择他认为是最好或最和谐的东西,鉴于此,神的智慧的最终目的是事物的"和谐"。事物的"和谐"被视为最终原因,甚至不是出于神的旨意,它取决于事物自身。因为事物的本质就像数字,它们包含了存在的可能性。由于上帝是最完美的存在,所以不可能不受最完美的和谐的影响,因此,他必须通过事物的理想化来将完满的事物呈现于世人。但是,在这一时期,莱布尼茨的和谐思想尚未成熟,可以确定的是万物的最终存在原因在于事物的和谐,但是没有解释存在的事物是如何从"和谐"中产生的。文中莱布尼茨用了三段论式的推理去证明上帝的和谐与世间事物的最好状态之间的关系:

(1)因为上帝是最完美的存在,所以他自身不可能不受最完美的和谐的影响,因此,世间的不完美必然也要不断趋于上帝的完美。

(2)因此,"发生或将要发生的一切都是最佳的"。

(3)因此,"发生或将要发生的一切都是必要的"。

在这一推论中,我们看到"前定和谐""最好世界"学说的雏形,在这个意义上,"和谐"成了莱布尼茨道德思想的核心概念。无论是后来单子间的关系,还是宇宙的存在形式,"和谐"原则都是关键。莱布尼茨竭尽全力表明"和谐"的重要性,在这一时期,"和谐"被莱布尼茨理解为万物之间的"共生关系",蕴含着人与人之间、人与宇宙万物之间的"联合与共融"。这一思想表达了上帝最优选择的需求,这种需求源于上帝的本质,即上帝完满的本质决定了宇宙的和谐,宇宙的和谐传播到存在的所有事物,万物"最完美的和谐"或"事物的美"又成为反映上帝神圣行为的标准。这意味着"和谐"是建立在事物的本性上,或更确切地说,是建立在上帝的本性上,"和谐"推动着事物朝着最优的方向前进。对于莱布尼茨而言,"和谐"对道德行为产生了重要的影响,因为它引导上帝通过现实需求为理性存在者寻求最高的利益。

在巴黎时期(1672—1676 年),莱布尼茨延续着关于道德问题的讨论,"善"与"快乐"是莱布尼茨这一时期书信的核心话题。在"善"的问题上,莱布尼茨主张更大的"善"依赖于人意志的主观判断。这充分显示了莱布尼茨道德思想中所具有的亚里士多德因素,在承认神的存在的同时,强调人的主观意志是现实志愿,真正的善应该到现实社会和政治中去寻找并实现。善与快乐是相互纠缠的,毋宁说莱布尼茨是一位自然神学家或一位形而上学家,在早期他更像是一位道德哲学家。本身产生善的事物,只会满足暂时的需要,而那些最终会带来更大程度的完美的行为,会产生更持久的快乐。在莱布尼茨的道德思想的萌芽时期,已经显示出了利己主义与利他主义的一致性倾向。基于以上因素,在《形而上学谈》完成前,莱布尼茨已经开始了道德思想的变革,其目的在于将一个给予基本律令、空泛解释的伦理学说改造成实在的、经过逻辑推理证明的、系统的道德思想。

3.2　道德思想的发展

3.2.1　基本原则

3.2.1.1　个体性原则

人的自由与必然问题一直是道德哲学领域的核心问题,自古希腊以来关于自由的各种解释就体现在不同思想家的伦理学中,莱布尼茨在《神义论》中将自由与必然问题视为人类理性的"迷宫"。在《形而上学谈》中,莱布尼茨明确了个体实体的属性,并第一次区分了假设必然性和绝对必然性,这一原则被视为莱布尼茨哲学的一项基本原则。在理论的演进路径上,两种必然性的区分是解决自由与必然"迷宫"、矛盾原则和充足理由原则、推理的真理和事实的真理三个学说的基础,更是引申出"道德必然性"的先导;在实践上,这为人的自由和自由选择留下了空间,恰恰莱布尼茨是从人的意志自由和理性的角度出发去理解上帝和人的道德行为的。在这个意义上,《形而上学谈》关于必然性的区分不仅是莱布尼茨整体哲学思想的基本原则,同时也是他道德思想的基本原则。

首先,莱布尼茨对个体实体作了明确的界定,他写道:诚然,当若干个谓词(属性)属于同一个主词(主体),而这个主词(主体)却不从属于任何别的主词(主体)时,这个主词(主体)就被称作个体实体。① 这里明确了偶然真理与必然真理的差别,阐明了"可能性"与"现实性""偶然性"与"必然性"的内在关联,表明了自由的可能性。莱布尼茨提出"在变化中持续存在"这一关键要素,为个体实体的偶然性提供了可能。这就打破了"宿命论",一种绝对的命运不可能支配着世界上其他事件以及人的所有行为。莱布尼茨认为,必然真理的基础是绝对必然性,类似几何学的推论;而偶然真理的基础是建设必然性,就其本身而言它是偶然的,其反面并不蕴含矛盾。"假设必然性"意味着可能性与必然性的同时存在,这样事物既有可能存在,也有可能不存在,这样行为主体便有了选择的自由。尽管有时人类心灵选择了一个有悖于内心的事物,但这仍是主体做出的选择,并不会因此消除我们的自由。莱布尼茨从行为主体的角度出发将自由理解为"自发性与理性"的结合,自发性乃是自由的首要要素。在这里,莱布尼茨继承了亚里士多德对自发性的定义——"当一个行为主体的源泉在行为主体身上时,这个行为就是自发的",同时强调理性主体是自身行为的主宰。这与莱布尼茨对个体实体的界定是一脉相承的,"一个个体实体或一个完全存在就是具有一个非常完整的概念,以致它足以包含这个概念所属的主词和所有谓词,并且允许由它演绎出这个概念所属的主词的所有谓词"。② 这是对实体概念的一个动态的考察,内蕴了一个变化的要素,即没有任何谓词不依靠一个理由而存在,这个理由一定存在主词中。可以看出,莱布尼茨早期的实体学说与自由学说是紧密相连的,"绝对必然性"和"假设必然性"的区别是莱布尼茨哲学

① 莱布尼茨. 莱布尼茨早期形而上学文集[M]. 段德智,陈修斋译. 北京:商务印书馆,2018:序言.

② 同上。

的一项基本原则,虽然这种联系是以"上帝的自由命令和宇宙的历史为基础",但在道德意义上却具有积极的影响,因为这是人的自由的理论基础。

其次,个体实体是莱布尼茨早期实体观的展现形式,不同于斯宾诺莎的一元论,莱布尼茨认为"凡实存的都是个体的",无论是人、天使还是一片树叶,都是一个个体。这一主张并非一个"空的陈述",而是被赋予了普遍的解释力,是以超越个体身份的形式而存在的。"身份"是哲学中的核心问题,因为它涉及存在和个性的最深层次的问题,这一个体性的"身份"确立了什么促使一个人成为个体、什么使每个人都是绝对独特的、可以与其他每个人区分开的问题。在《形而上学谈》中,莱布尼茨这样写道:"我们总是喜欢把那些我们表象得较为完满的现象归因于我们自身,而把它们每个表象的现象归因于别的实体"。① 一方面这一表达以"每个实体都以他自己的方式表达着宇宙""在自然界中没有两个相同实体是同时存在的"两个命题为前提,另一方面莱布尼茨更为看重的是其中蕴含了特殊实体的"个体性"与其他实体的"普遍性"之间的和谐关系。每个实体的"个体性"不仅仅体现在自身所具有的特殊性质上,更为重要的是这一实体不同于其他实体的真正原因在于与之身份相符的"集体特征"。这一思想在莱布尼茨后来的表述中被加以论证:每片树叶都是唯一的,但这并不是因为隐藏在其可观察属性下的一些不可沟通的"属性";莱布尼茨消除了"个体性"基础,并用本质上是集体特征的取而代之;这意味着"个体性"不是自私地位于叶子之内,而是在于它与宇宙共同体中其他生物的相互关系。叶子在所有生物的存在方式上都是独一无二的,因此,每个叶子都应归功于其他所有叶子,而不是只为自己争取任何东西。同理,所有人的平等和身份都可能需要唯一的"本性",但真正的平等和身份的确认需要在与他人相处的关系中实现。表面上,莱布尼茨提出的实体"个体性"原则强调了一种"独立性"与"差别性",而更深层次却表达着"普遍性"与"利他主义",这对人的道德行为具有积极的向上意义。莱布尼茨认为,我们意识到自己在做善事,同时又在为促进普遍完美而感到高兴。这有助于完善人与人的关系,也将为其带来快乐。更进一步而言,在世界上促进更完美的事还将产生更大的乐趣。本

---

① 莱布尼茨. 莱布尼茨早期形而上学文集[M]. 段德智,陈修斋译. 北京:商务印书馆,2018:29.

身能产生好的事物只会满足暂时的需要,而随着时间的流逝会带来更多完美的事则会产生更多持久的乐趣。在莱布尼茨的道德思想中,心理利己主义与利他主义的可能性保持一致。

3.2.1.2 能动性原则

在莱布尼茨看来,观念和本性塑造了人的欲望,在承认欲望的基础性这一前提的同时,否认了欲望的至上性与排他性。莱布尼茨对欲望的最初表达借助了实体所具有的"力"这一概念。在探讨实体本性时,莱布尼茨扬弃了中世纪经院哲学"实体形式"的内涵,驳斥了笛卡尔的"物体的本性在于广延"这一说法,赋予了实体"能动性"。[①] 他提出形而上学的"力"的概念取代了经院哲学的"实体形式",同时莱布尼茨并不认为大小、形状等广延能够揭示实体本性,而"力"才是实体的根本原则和基础。在这里,"力"可以被理解为与灵魂相似的东西或隐德莱希,包含着一种倾向或努力。在形而上学的意义上,莱布尼茨主张的"能动的力"是一种类似灵魂的东西,是实体所固有的本质属性,这解决了笛卡尔身心二元论问题。在道德意义上,莱布尼茨认为意志是一种内心的愿望或做某事的欲望,是人类行为的核心,力的倾向和努力因素是意志的基础和动力。人类动机理论被视为莱布尼茨道德思想的基本假设前提,动机的选择依赖于人的意志,实体的"力"表征着实体的努力和倾向,并决定了人的意志。因此,正是有形实体中"力"的存在为人类动机提供了可能性和自主性,可以被理解为人不断追求的不竭动力。

如果将"实体的力"与"心灵是上帝的镜子"两个学说相结合,将莱布尼茨的道德思想从《形而上学序论》到《单子论》统一起来,一幅人类行为向好的道德图景就会呈现出来。一方面,实体的"力"的能动性为意志提供了基础,意志作为人内在的欲望或做某事的欲望在人类行为中至关重要。在莱布尼茨的学说中,这意味着积极追求某个目标(努力或合作);另一方面,该目标遵循主体关于善与恶的观念(观点)正是基于"心灵是上帝的镜子"这一学说。莱布尼茨认为,上帝创造了世界如此完美,以至于每种物质都按照自己的规则行事,同时与所有其他物质完全和谐一致。由于"心灵是上帝的镜子",因此,人的主观意志与心灵共同作用下

---

① 尼古拉斯·乔里. 莱布尼茨[M]. 杜鹃译. 北京:华夏出版社,2013:34-35.

的道德行为是反应上帝完满性的现实印证。既然心灵是上帝的一面镜子,个体的行为即表征着上帝,那人类的一切行为是否都被上帝所决定呢?莱布尼茨认为,上帝为人类提供了主观意志或倾向,但并不会强制它如何运作。也就是说,上帝规定了人类日常活动的规则,但如何思维,如何依照主观意志做出行为选择完全是基于"力"这一能动性倾向的。有形实体的"力"是莱布尼茨道德思想原则的有益引领,它的积极意义在于提供一个伦理视角去重新审视《形而上学谈》,这是对有关莱布尼茨道德思想的挑衅性论点的辩护。莱布尼茨认为,开明的自我利益与美德的要求完全一致。利益与道德之间这种和谐的基石是实体的"力",人应该将他人的幸福视为实现自己幸福的手段。实体所具有的"力"在《单子论》中被描绘成"单子"具有的"知觉""欲望",完成了"力"的能动性与"单子"的思想性的转变,构成了人的主观意志的基础。

莱布尼茨认为,最好世界的完满性正是在人的主观意志不断提升、人类不断完善的前提下完成的,是表征上帝的真正动力。这迥异于过往思想家所主张的人类在自然状态中被必然性地支配,缔结契约、组建国家是神的意志或是为了保存生命、维护财产等权利而顺其自然的选择。这表明,从本质上而言,莱布尼茨十分重视他的道德学说同以往哲学家划清界限,以往的哲学家都未能超出"实然"的范畴,而卢梭的道德思想则强调以人的主体性为起点,从"应然"的角度来实现更好的道德王国。人的主观意志的倾向根本目的是建立一个使人们有机结合起来的共同体,并在联合中保持每个人的自由,最终实现一个拥有"公共人格"的道德整体。在这里,莱布尼茨将人的主观性揉入"最好世界"中,赋予了"最好世界"主体意识和人格意义。

虽然莱布尼茨的道德思想具有理想化色彩,但其主体性指向即关注人的自由、平等及理想诉求等问题却具有积极的意义,而这一主体性指向正是从实体"力"的倾向开始的。通过对过去实体学说的不断开掘和超越性批判,莱布尼茨对实体的属性进行了理论表述,"实体"被赋予了能动性倾向。反映在人类身上时,体现了人的主观意志的倾向,对自身存在性质和价值重新认定,对建构理想社会的追求。在道德意义上,人的主观意志决定了行为的道德规范,其内生印证了人类理性的自我觉醒,其外化印证了人对世界完满性的永恒追求。这体现了莱布尼茨的道德思想不仅仅孤存于客体性的道德律令,而以主体世俗性的、功利性的目的论的角度去审视人的道德行为。实体的个体性原则赋予了每一个人区别于他人的身份认同,为人的自由提供了必然性。在此基础上,每一个体所具有的能动性的"力"是意志的基础,意志又是决定人类行为的首要前提。"实体""力"这样被普遍归类于形而上学范畴的术语被莱布尼茨在《形而上学谈》中给予了道德意义,这表明莱布尼茨在形而上学初步形成时,他的道德思想就已经相对稳固。

3.2.1.3　幸福原则

完满的最终指向是幸福,而人是以"永远处在不断趋于完满的动态过程之中"的方式而存在的,这成为莱布尼茨道德思想的最高原则。在《形而上学谈》中,莱布尼茨规定了上帝的完满性,不同于过往哲学家主张世间的"善""正义"是上帝主观意志的结果,莱布尼茨认为这是上帝理智的结果。莱布尼茨赋予了上帝理性因素,甚至认为上帝的本质不依赖于他的意志而是依赖于他的理性。这体现了道德思想的进步性因素,在以理性制约上帝的同时,赋予人以更大的主观意志性,人的观念来自自身而非上帝。[①] 为了使我们的行为体现对上帝的爱,仅仅靠忍耐是不够的,而必须对作为上帝意志的结果在我们面前所发生的一切心悦诚服地认可才行。可以说,莱布尼茨并没有过分强调信仰以接近上帝,而是主张在现实中努力实现一般的"善"便是实现对上帝的爱。每个人都以自己的方式表达着整个宇宙和对上帝的爱,这意味着每个人与世界、上帝都产生了关联,人们的行为表征着上帝并对他人产生影响,这就为一个共同的道德世界奠定了基础。莱布尼茨认为"心灵乃最高实体",是最臻于完满的实体,上帝统治下的完满城邦是一个心灵的世界。[②] 这个完满城邦更像一个立宪君主国家,甚至是共和国,这里并不是以君主(上帝)的绝对意志为法令或规则的专制国家,而是依照"善""幸福"这样的天赋权利去维系。莱布尼茨认为幸福对于人民,犹如完满性对于其他存在物。道德界或上帝城邦首要的目的就是实现幸福的最大化,而有德行的人才会无限臻于完满。据此而言,莱布尼茨在这里不仅表达了他的道德思想的最高原则即获得幸福,同时强调了有德行是获得幸福的实现路径。这与古希腊哲学家苏格拉底主张的"知识即德行"具有高度的共鸣,

---

① 莱布尼茨. 莱布尼茨早期形而上学文集[M]. 段德智,陈修斋译. 北京:商务印书馆,2018:53.

② 同上,第64页。

均主张凭借理性与意志去获得超越感官经验、持久的快乐。莱布尼茨认为理性是智慧的基础，是能够理解美好与秩序的客观基础，正是智慧的引领使我们走向幸福。同时，在《自然与恩典的原则》中，莱布尼茨表示："因此，我们的幸福将永远不在于，而且也必定永远不在于完全的快乐。因为在完全的快乐中，除欲望外一无所有，这只能钝化我们的精神，而必定在于向新的快乐和新的完满性的经久不息的进展"。① 这表明普遍的完美创造了心灵的喜悦或愉悦，而它的源头就是我们的创造者——上帝。当这种快乐持续不断时，我们就会获得幸福和智慧，这是一种恒定的美德状态。但是，这也意味着我们的理智永远不会完满。完满对我们来说是一个永无止境的过程，这会使我们产生一种愉悦感，并激励我们模仿上帝行事。通过这种方式，一些激情可以增进我们的知识，并且我们可以养成一种自己的习惯，以对世界有更为深入的了解。在这个意义上，莱布尼茨将幸福视为一个趋于完满的过程，而非道德的终点。

虽然在这一时期莱布尼茨并未详细展开关于"幸福"这一伦理问题的探讨，但"幸福""德行"与道德已产生了关联，这为莱布尼茨后来的道德学说提供了论证范畴与理论指向。后来，莱布尼茨将幸福视为我们欲望的永远的目标，是一种持续的快乐。莱布尼茨理解的幸福和快乐有两个要素：一是心灵的永久性存在；二是心灵蕴含道德本性。因此，对于心灵而言，除了生命的永久性存在之外，幸福最根本的表征在于人的道德本性的维持和扩充。莱布尼茨非常强调作为最高实体的心灵的道德本性对于一个国家的重要性。他认为，人的道德本性不仅关系到人本身幸福与否，更重要的是影响着一个完整国家的幸福性存在。因此，就一个最完全的国家而言，心灵达到幸福的路径就是"无限地接近上帝"。

在《形而上学谈》中，上帝既是"完满的存在"，又是"最完满共和国的君主"。莱布尼茨的上帝不仅仅具有神性的光荣或荣耀，还具有人性的光辉。作为绝对完美的存在，上帝以最完美的方式行事。为了进一步理解上帝的完满性与正义的关系，莱布尼茨后来又转向了可能世界的概念。一个可能的世界是其属性相互一致或兼容的任何可能的物质集合。

---

① 莱布尼茨. 莱布尼茨早期形而上学文集[M]. 段德智，陈修斋译. 北京：商务印书馆，2018：250.

上帝以其无所不知的方式调查了无数种可能存在的物质,并选择创造最佳的或可能最佳的世界(完满共和国)。至于什么是最好世界?上帝选择最好世界的依据为何?在《形而上学谈》中,莱布尼茨写道,上帝致力于手段的简单性与效果丰富性的平衡,选择了最好的世界。① 他把上帝比作一个熟练的建筑师,可以最好地利用可用的空间和资源;或者一位博学的作家,可以以最小的篇幅提供最大量的信息。手段的简单性要求世界上必须有秩序、效率、连续性和可理解性。效果的丰富性要求最大化形而上学和道德上的善良。形而上学的善意表示世界上本质或完美的程度,简而言之,是世界上各种生物模仿上帝取之不尽的本质的程度。道德善良是指具有理性的人的幸福和完善,这体现了莱布尼茨道德思想的逻辑性与整体性。幸福的实现必然同时是合乎理性的,对于幸福的人来说,合乎理性的实现活动就是以德行为前提。并且,这样有德性的人所欲求的幸福也就不再局限于通常意义上的幸福,而是一份伟大、崇高的事业与追求。它不再仅仅是心灵的理性反思,同时也反映了上帝的意志与恩惠。这样的幸福观使一切潜在能力都可以趋于完满,幸福也成为无限的、永恒的追求。

　　整体而言,莱布尼茨在《形而上学谈》中初步勾画了一个完满的具有精神性的上帝国家。上帝是最高首领,心灵是国家公民,这里不仅能感受到上帝的恩惠,心灵也具有自由意志,就其本质而言这一"完满共和国"是一个与物质世界相区别的以"公民幸福最大化"为目标的"道德世界"。这规定了世界的本质、可能性与完满性之间有着紧密的关联,道德世界的完满性是潜在的,正是基于上帝的恩典与人的向善追求将其可能性转化为现实性。上帝的存在为世界中的完满提供了从潜在到现实的可能性,而真正实现还是要基于理性基础上的道德追求。这意味着幸福、完满、道德既是潜在的,又是现存的,幸福的程度基于完满的程度,而完满则取决于人所具有的德性。莱布尼茨的幸福观实现了人与人、人与自然的和解,这一和解并非是在对上帝的信仰中完成的,而是通过对纯粹幸福的追求而实现的。幸福是莱布尼茨道德思想中极有价值的合理内核,只有在把握幸福的本质这一基础上才能更好地理解莱布尼茨道德思想的精神旨归。

---

① 莱布尼茨. 莱布尼茨早期形而上学文集[M]. 段德智,陈修斋译. 北京:商务印书馆,2018:66.

3.2.2　道德思想的基础

莱布尼茨道德思想是以实体这一传统的形而上学概念为基础并逐渐生成的,关于实体的表述集中在莱布尼茨《新系统》中。《新系统》是莱布尼茨生前首次公开发表的、阐述自己成熟思想的哲学著作,书中莱布尼茨将形而上学的点称为实体,认为它们是行动的根源,是有生命力并有知觉的存在。[①] 从早期的实体到后来的单子,形而上学的点一直是莱布尼茨哲学体系的基础,随着莱布尼茨思想的不断完善,精神的点被赋予更多的意义,这突出表现在道德意义上,可以说他的道德哲学正是以此为基础而不断展开的。理解实体在伦理层面的意义时,需要从两个维度去把握:实体构成了世界万物,可谓道德行为主体根基之所在;实体是独立的理性存在,可谓道德行为必然性的最终根据。莱布尼茨将理性实体作为道德哲学的基础,不仅关乎人类选择的本质这一道德心理学范畴,还关乎道德的必然性问题,即人们遵守美德的行为何以必然。莱布尼茨的道德思想是对以宗教信仰作为德性基础的经院哲学的重大突破,开启了不断通过理性反思进而趋于完满的幸福之路。

对于莱布尼茨来说,"实体"的定义并不具有一致性,在思想的不同阶段呈现出较大的差异。即使在形而上学思想成熟时期,莱布尼茨至少用三种不同的方式表达着实体。在某些地方,实体被描述为心灵般的、非物质的物质,具有感知和欲望,这在许多方面类似于笛卡尔的灵魂;在有的地方,实体被描述为一种物质形态的混合物,每一种都由初级物质和形式组成。此外,实体还被视为他用原始力和派生出来的力。综合来看,莱布尼茨关于实体的定义更多情况还是基于第一种描述:具有欲望和感知能力的、类似心灵的、以非物质形态存在的简单物质或单子。这也是莱布尼茨实体观背离笛卡尔主义的地方,所有的物质都是心灵的,而心灵的存在并不需要意识。莱布尼茨赋予实体以"能动性""个体性"特征,这意味着实体的能力并不依赖于上帝的存在而存在,可以被理解为实体的"权利"。莱布尼茨的实体所具有的权利是一条连续的脉络,他

---

① 莱布尼茨.新系统及其说明[M].段德智译.北京:商务印书馆,1998:2-7.

的道德思想正是以此为基础逐渐展开的。

理性作为实体的本质促使人们依靠理性行事,人们的道德行为可被视为理性的结果,莱布尼茨认为理性可以引导我们去寻找幸福,这是道德存在的必然性。这意味着美德是独立于神的意志而存在的,上帝的意志仅是一个限定标准,而美德本质上依靠的是人的理性与知识。人的行为依靠自由意志,这决定了一个人能做什么。但一个人应该做什么或什么样的行为才算遵守道德这一问题,莱布尼茨主张依靠智慧。莱布尼茨将美德定义为根据智慧而行动的习惯,而智慧是能够理解美好及其在和谐与秩序中的客观基础之性质的品质。[①] 我们的行为是否具有道德依赖于我们对智慧的理解,我们越理解宇宙的和谐与秩序的性质,我们的行为就越符合道德标准。智慧被视为一种品质,而这种品质基于理解美好的能力,这一能力在根本上是源于理性的。智慧这个重要的概念可以被理解为理性的现实展现或是理性的现实品质。

在道德行为的必然性问题上,莱布尼茨一方面认为罪恶的原因不在于上帝,而是在于人的自由意志。上帝并不否定和限制人的意志的自由选择的能力,而人的意志有能力出于自身的利益考虑去做出选择,主观意志并不必然去做正当性的善的行为,人的意志也可以去做罪恶的行为。另一方面,他又以上帝的视角审视人的行为的道德性。因为"实体是反映上帝的镜子",上帝作为最完美的、最高的存在者确立了宇宙原则,实体凭借理性的提升无限地接近上帝的完满,这样理性的人的行为就具有了道德必然性,因为它表征着上帝的秩序与和谐,这回答了"为什么道德是必然存在的"这一问题。在这里我们可能有一个问题就是理性与智慧的关系问题,即"有理性的人就会拥有智慧吗?"虽然在莱布尼茨的道德思想中理性并不必然形成智慧,但至少我们看到了二者的关联,理性的心灵是一种高级的存在,而这一高级的存在是最有可能拥有智慧的群体。莱布尼茨认为,在上帝制定的规则和秩序中,理性必然处于首要位置,而快乐处于次要的地位,从而使他的道德观最终具有理性主义倾向,这体现了莱布尼茨拒绝享乐主义的伦理观。就其基本理论倾向而言,莱布尼茨道德观的必然性是基于理性的,即实现理性的人与现实的秩序统一,以形成一个充满道德与善的理想王国。这个理想王国不仅基于上帝的恩惠,而且合乎人类自身理性的需要。也就是说,人的行为不

---

① 加勒特·汤普森. 莱布尼茨[M]. 李素霞、杨富斌译. 北京:清华大学出版社,2019:121.

仅是合乎理性的,而且是向善的。这样一个理想的社会,是人类创造力的结晶,当人们在自己的创造物中直视自身的理性力量时,必然会实现幸福。据此而言,莱布尼茨的道德思想是对苏格拉底"美德即知识"的伦理观念和亚里士多德"实践智慧"的深化和发展。

3.2.3　道德思想的规定

"前定和谐"学说是莱布尼茨哲学中最独特的部分之一,这可能也是他提出的最著名的想法。该学说与因果关系、上帝和单子论等几个主要哲学概念密切相关。可以说,莱布尼茨的"和谐"概念在他的哲学体系中起着至关重要的作用,在促进和解释其思想的许多领域时都借鉴了和谐的概念。从莱布尼茨的数学和形而上学到伦理学,都将"和谐"这一概念纳入描述和阐释的中心位置。尽管许多人对"和谐"在莱布尼茨的系统中的某些应用进行了充分的讨论,尤其是心身和谐,以及单子间的普遍和谐,但"和谐"的道德意义却是被忽略的一个方面。实际上,莱布尼茨的"和谐"被赋予了极为深刻的道德意义,一方面在于它对所有事物的基本规定给出了一个合理的解释,使宇宙万物生活在一个秩序井然的世界里;另一方面,面对未知性与无序性的境域,人类道德是不确定的、充满未知和挑战的。简言之,正是基于"和谐"的存在,道德的未知性、偶然性转为可知性、必然性,这为人的道德提供了根据与规定。

《形而上学谈》初步提出了"和谐"的思想,表明实体与实体之间的相互关系。在《新系统》中,莱布尼茨第一次提出"前定和谐"概念,用于协调灵魂与形体的关系。莱布尼茨认为,在严格的形而上学意义上,并不存在一个受造的实体对另一个受造的实体的影响,实体之间不能进行交融。但世界上似乎所有的实体都处于因果关系中并彼此影响,这是因为处于上帝的"前定和谐"。① 上帝赋予世间的"和谐"只是存在的秩序,世间万物在这一规则或秩序下运作,上帝的荣光表现在对世界万物秩序完美的设计,而并非在于对万物的实际干预,并没有最初就给实体一种本性或内在"力"。"前定和谐"思想规定了实体之间、灵魂与身体、自然与社会三个向度的普遍和谐,而在道德层面,实现了"能动性"与"被动性"

① 莱布尼茨. 新系统及其说明[M]. 段德智译. 北京:商务印书馆,1998:9.

的统一。一方面,"被动性"体现为人们要在上帝的规定下以最完美的方式行事。由于上帝是完美的人,创造着一个最好的世界,人们不能完全"辜负"他本应遵循的道德的"和谐"。另一方面,"主动性"表现在"前定和谐"体系前提下心灵的独立。莱布尼茨的理论暗示了预先建立的和谐,因为所有物质都可以看作自己在行动。这是因为上帝具有某种道德意图和力量,这些意图和力量驱动着他处理自己创造的方式。而人的心灵作为最高实体,以理性的、独立于上帝的方式存在,驱动着人们的行为。据此而言,"前定和谐"是上帝的伟大发明,但实际上却是将上帝"束之高阁",限制其干预现实世界具体过程的权力。

在《单子论》中,莱布尼茨进一步发展了前定和谐理论。单子之间没有关联,它们的行动和变化都是依照各自意志并彼此孤立的,完全独立于其他单体。① 世界是由无数的单子构成,每一个独立的单子都可以看作宇宙的一面镜子。这样,这些单体就会混乱地交织在一起并成为世界万物的终极原因,那么我们的世界就会变得混乱无序。但事实上并非如此,莱布尼茨认为我们生活的世界是和谐、有序的,这就需要一个前提,所有的单体都可以协调发展。因此,当莱布尼茨的单子理论发展到关键时刻时,必然导致上帝的出现。在莱布尼茨看来,上帝是最高存在的形式,上帝在概念上把不同的形式联系在一起,上帝创造了单子的相互依存,相互协调。而所有的单子都是上帝创造的,上帝提前安排好了所有单子的轨迹。单子的每一个变化都意味着自身性质的发展,每一个单子都和谐发展,最终使宇宙成为一个连续的整体。形成这种和谐宇宙秩序的力量正是源于上帝,换言之,上帝创造并维持着现有秩序,是事物存在的根本原因。这样,莱布尼茨的"前定和谐"就诞生了。

如果说前定和谐学说有着特定的理论使命,那么普遍和谐思想则是在前定和谐基础上生成的具有实践指向的伦理规定。莱布尼茨的普遍和谐思想散见于不同时期的文本中,其中很多都是在早期作品中。一个显著的特征是表面上他用不同的术语给和谐下定义,但对和谐思想的推崇是其关键中根深蒂固的部分。起初莱布尼茨习惯定义和谐为"不同事物的相似",在后来的多数情况下,莱布尼茨将和谐理解为"多样性的统一",即许多差别事物实现的统一,如果没有多样性,则和谐不会存在;相

---

① 莱布尼茨.莱布尼茨后期形而上学文集[M].段德智,陈修斋译.北京:商务印书馆,2018:256.

反多样性没有秩序与比例,和谐也不会存在。因此,多样性实现统一的
程度越高,则越和谐。莱布尼茨主张和谐的原因在于为了使一些不同实
体相互协调进而使它们必须处于某种相互统一的关系中。在伦理上,莱
布尼茨将这些实体简化为某种统一体,意味着对一种理想的生活状态的
追求,即在承认个人差异性的基础上不断趋向于一致性的统一,实现人
与人、人与社会、人与自然关系的和谐一致。

　　从莱布尼茨道德思想的连续性上来看,"和谐"一方面为道德世界提
供了现实的规定性,在既定秩序中实现多样性的统一;另一方面,在认识
论角度上呈现出来一种以和谐为特征的行为方式。在《形而上学谈》中,
明确了幸福是莱布尼茨道德思想的最高原则。在谈及幸福与和谐的关
系时,他认为和谐的本质是所有精神幸福的准则,幸福包含着灵魂对和
谐的认识。如果这个世界上的人在上帝预设的"前定和谐"框架下以"普
遍和谐"的方式行事,那么这个最和谐的世界便是最有潜力的世界。因
此,最和谐的世界蕴含着最大的幸福。在这里,和谐与幸福产生了关联,
幸福是莱布尼茨道德思想的目的,但并非强制性的道德义务。作为莱布
尼茨道德思想的基本规定,和谐必须被理解为一种动机的原则,而不是
类似于康德绝对命令那般的道德准则。"和谐"的规定促使上帝和人类
均受到道德上的约束,以实现最大的完美和幸福。但是,这种必要性是
建立在理性个体的本质上的,即理性个体的自由能力,这种自由本身就
意味着约束,即为了维护和促进他人的自由和幸福而对自身的约束。

3.3　道德思想的确立

　　"单子是反映上帝的镜子"这一主题是理解莱布尼茨道德思想的有
力工具,不仅在莱布尼茨的形而上学体系中起着重要作用,更蕴含了道
德意义上的理论旨归。单子所具有的时空性、感知性、反思性三重特质
将"精神的个体"外化为"现实的个体",印证了人类自我反思、不断超越
的崇善本性。正是在这一过程中,莱布尼茨道德思想的理论空间得以进
一步释放,"最好世界"外化为一个"充满爱的道德世界"。

3.3.1　单子是反映上帝的镜子

在形而上学的历史演进中,主体与实体始终是一对相互勾连、相互纠缠的核心范畴,莱布尼茨的单子理论正是在形而上学层面实现了主体与实体的统一。"单子"理论是对亚里士多德实体观的继承,又赋予了实体以"精神性",对黑格尔"实体即主体"原则和整个德国古典哲学都产生了重要的影响。单子的初始形态要追溯到莱布尼茨早期文本中"每个单一实体都像上帝、宇宙的镜子一样"这一明喻,继而发展为"每一单一实体都是反映宇宙的一面镜子"这一暗喻,最终用"单子"范畴直接取代了暗喻。这样从明喻到暗喻,又从暗喻到单子的精神历程,让莱布尼茨逐步赋予了"单子"以时空性、感知性、反思性的三重特质和最终的道德旨归。这表明莱布尼茨的道德哲学思想并非零星地散落在其不同时期的文本中,而是以"实体"为入口、以"镜子"为媒介、以"单子"为主体的具有连续性和统一性的思想图谱。

17 世纪的法国是一个平等的时代或者可以说是一个"镜子的时代"。[①] 追溯镜子的发展史,人们在史前时期就开始对自己的形象表现出浓厚的兴致,从光滑的石头到水池的镜面,都是人们在早期反映自己的方式。文艺复兴时期,威尼斯的工匠们完善了玻璃镜的生产技术并进一步提高了产量,在一段时间内拥有着业界绝对的地位。在 17 世纪,法国打破了当时威尼斯的垄断地位,创立了皇家玻璃镜子公司并最终制造出大量价格低廉、品质过硬的镜子。随着这一新兴产业的发展,直至 17 世纪中叶,镜子已不再是皇室与贵族阶级的专属商品,低廉的价格和日益增长的需求使资产阶级和商人们开始沉溺于玻璃镜的热潮。此时,镜子成为一种代表成功的时尚符号,在生活中被广泛应用。17 世纪 70 年代,莱布尼茨正处于名副其实的"镜子时代"的法国,毫无疑问长时间浸润在这种环境中,"镜子风尚"对莱布尼茨的道德思想产生了重要影响。

莱布尼茨早期在反映单一实体和世界的关系时,镜子是以明喻的形式出现的,即"实体像一面镜子",每个有限的、有知觉能力的实体都是具有表征意义的,不仅反映整个宇宙,还代表着一切的创造者——上帝。

---

① Larry Norman. *The Public Mirror*; *Moliere an the Social Commerce of Depiction* [M].Chicago,1999:2.

后来,莱布尼茨逐渐摒弃了镜子这一"明喻",取而代之的是一个"暗喻"。"每个灵魂都是(is)整个世界的镜子"。① 在《单子论》《基于理性的自然及神恩之原则》中,莱布尼茨将这一"暗喻"延续下来,相比于早期"每个实体像(like)上帝的一面镜子"的表述,后期思想中实体俨然成为"神的形象",孕育着更高级的合理灵魂。随着 17 世纪末明喻到暗喻的转变,实体不再仅仅像一面镜子,而是已经成为折射宇宙、上帝的镜子。这一强烈暗喻伴随着"单子"的出现而被取而代之,在《论自然本性》一文中,莱布尼茨首次提出"单子"概念,"这种东西我惯于称之为单子,其中有一种知觉和一种欲望"。② 作为原始的力量,单子是与生俱来的活的实体,是活的镜子。每一单一实体都是永恒的、鲜活的宇宙之镜,根据其内在活动原则反映世界。

作为活的"镜子",单子不同于其他普通的镜子,它天然地是不可摧毁的单元。单子是自我包含的、没有互动的、独立的存在,具有属于自己的内生动力,并借此将自身的内在本质反映出来。即使没有其他镜子的存在,单子也会自发地自我感知,每一个单一实体都像一个分离的世界,独立于其他所有事物。不同于普通的镜子要借助其他的镜子去反射自身,单子的自我反射完全是内部事务,凭借自身去完成。尽管单子较之普通镜子具有许多与众不同之处,为了更好地把握单子这一"活的镜子"的隐喻,我们还是要借助普通的镜子,因为二者具有一些共同的特质,如表征着世界的时间维度与空间维度。

3.3.2　单子的三重特质

3.3.2.1　表征着时间与空间

在西方文化的语境下探讨时空问题,要回溯到文艺复兴时期。在这一时期,人们习惯将绘画当作真实生活的写照,许多伟大的画家像布鲁内莱斯基、达芬奇都完美地将透视法应用到绘画中,利用二维平面中平

---

① G. W. Leibniz. *Leibniz and the Two Sophies:The Philosophical Correspondence*[M]. ed. and transl. by Lloyd Strickland,Toronto,2011:151-152.

② 莱布尼茨. 新系统及其说明[M]. 段德智译. 北京:商务印书馆,1998:170.

行线的勾勒将人们的目光集中在一个或多个微乎其微的、消失的点中，进而让人们产生一种三维图景的幻觉，即使是平面也会有空间的纵深感，这点和镜子很相似。当一个人照镜子时，他看到的并非一个水平的二维图像，而是具有空间感的，似乎在镜子后面有一个立体的图像。镜子后面的"世界"虽然与我们所处的真实世界是相反的，二者却具有相同的图景和空间维度。然而，在真实世界中，我们是不能走进镜子后面的"世界"中的，因为那是一个封闭的空间，存在的只有镜子本身和表面的一幅"关于世界的内在图景"。这与莱布尼茨的镜子隐喻具有一致性，单子关于外部世界的感性表征也是一个具有长度、宽度、高度的三维空间世界，外部的生命体仿佛可以进入单子所表现的"内部世界"中，但实际上这个空间是永远被禁止的。单子内部的三维空间是属于单子的私人之物，外部事物不能进入或离开，同时单子所反映的世界不能被任何外部事物所破坏。可以说，我们既不能走进玻璃镜后面的三维世界，更不能走进单子后面的三维世界。不管是艺术家的透视作品，还是工匠们的玻璃镜子都是对三维空间的表现。但有一点关键的不同在于，画作呈现的画面是静止的，它仅仅是抓住了现在或过去的一个瞬间。而镜子中的画面却是伴随着时间始终流动的，与外部世界的变化是一致的。在这一点上，莱布尼茨的单子较之文艺复兴时期的绘画的优越性就在于时间性的表征。单子所反映的世界随时间变化而变化，所呈现的图景永远不会停留在某一个瞬间上，其感知或表现始终与外面世界相一致。

同绘画和普通镜子一样，单子这面鲜活的镜子也存在着"图像形成"和"事件发生"二者的时间间隔。单子凭借自身去反映世界，每一个单子都会感知到外部世界作用于自身有机体的变化。如同物体光线传播到镜子时需要时间，单子在感知事物时同样需要很短的时间。莱布尼茨认为，当前我们关于画作的知觉实际上是惯性知觉，它并非存在于此时，而是存在于过去的瞬间。尽管我们可能会相信可以立即看到产生图像的事物本身，但实际上，我们看到的仅是在光线传播后的图像，即事物的前此状态。由于光线传播到我们需要时间，即使很短，但在这一段时间间隔里物体本身可能会被摧毁，当光线到达我们眼睛时物体已经不存在了，这意味着我们看到的图像并不是事物在当前状态的反映。这不仅仅存在于时间间隔干扰下的绘画观感中，任何无生命的和有生命的机体在通过各种器官去感知世界时都可能已经消失，而他们的存在已经被心灵感知到并被记录下来形成记忆，这表明单子在反映世界时具有连续性。

无论是普通镜子反映的图像还是"活的镜子"反映的感官世界都不是世界的当前状态,而是前此状态。"一个单子的当前表象都是前此状态的结果,也包孕着未来",①莱布尼茨认为单子表征着一切的过去和未来。每一个表象虽然并非是当前的,但他们都是过去原因作用在单子中的结果。在这个意义上,单子的时间性表现为可以无限地向后延伸,甚至可以到远古时代。过去所有的表征被一切事物永远保存着,用发展的眼光去审视单子,每一次感知都是为下一次铺平道路,周而复始地循环下去。因此,每一个当前的图像不仅仅是"过去的表征",也蕴含了"未来的轮廓"。莱布尼茨关于"单子反映着过去与未来"的因果阐释似乎可以同样地应用到普通的镜子中去。镜子的当前影像反映着事物的过去起因和未来结果,这些蕴含着因果的图景存在于镜子中。所有生命和无生命的镜子都会在影像中包孕着过去、现在和未来。在时空的作用下,单子和普通的镜子在感知外部事物时存在着不同程度的清晰度和差别。

3.3.2.2　感知能力

每一个单子都是一面活的镜子,反映着整个宇宙,无限的、相互反映的、有生命力的单子构成了莱布尼茨的宇宙观。鉴于所有单子都代表着同一个宇宙,它们所知觉到的内容都是相同的,这意味着凭借所知觉的内容去区分不同的单子是不可能的。然而,不同单子之间却可以被各自知觉的方式和程度加以区分。莱布尼茨认为,"每个单一实体都是同一宇宙的镜子,它如同宇宙一般恒存、丰裕,即使被单子感知出来的事物一次只能在几个方面被加以区分,同一个宇宙也会被无数的单子以各自的方式表现出来。"②每个感知同时只能被几个方面区别开来,在"几个方面"中单子对自身的察觉相对更加清晰。心灵可以感知到宇宙中的一切,这是通过对自身的反思实现的。莱布尼茨由此认为,尽管每个心灵如同镜子一般反映着整个世界,最清晰的感知处于有机体最接近心灵的部分或在心灵内部,这些部分与外部事物的联系更加紧密。

普通的镜子同样呈现着周围事物的不同清晰度和差别,混乱事物呈现在镜子表面是模糊的、受破坏的图像,清晰的事物相应地呈现出来是

---

①　莱布尼茨.莱布尼茨后期形而上学文集[M].段德智,陈修斋译.北京:商务印书馆,2018:270.

②　同上,第 296-297 页。

干净明亮的图像。这如同具有生命力的单子通过自身立即出现的、内部感知能力更强的棱镜去反射宇宙,不具有生命力的镜子也可以清晰地表现出周围的事物。玻璃镜和单子一样,每一次只能清晰地反映出几个事物,距离本体最近的事物呈现出的图像最为清晰,时空相差越大的事物越模糊。尽管所有单子感知自身较之外部世界要更为清晰,不同单子之间却存在着层级差异,其中理性单子比普通单子更清晰地感知自身,也具有更高级的自我意识。

3.3.2.3 自我反思

"凭着关于必然真理的知识,凭着关于这些真理的抽象概念,我们还可以提升到反思活动。这些活动使我们思想到所谓'我',使我们省察到这个或那个在'我们'之中"。[1] 同过去的形而上学家一样,莱布尼茨将"我"这一特殊的存在作为理性思考的对象并加以审视,"我"被赋予了自我反思、自我意识的精神性,"我之为我"也印证了莱布尼茨思想中哲学与人的内在统一关系。自觉的理性存在者能够用抽象的语言去清晰地构想"我"的存在,并能去区分这个被感知到的"我"与世界上的其他事物,这表明没有一样东西是外界走入我们内心的,自我意识或理性心灵比"嵌入事物中"的物质形式更加完美。[2] 尽管如此,虽然"嵌入事物中"的物质形式并不能认识到自己自身就是感知者,但能模糊地察觉到本体具有的感知。在法国期间,莱布尼茨写了一篇名为《论回忆与心灵的自我反思》的短文,文中叙述了他对自我思考所产生的思想螺旋的探索,莱布尼茨意识到反思具有递归性,每个当前反思与过去反思都具有内在关联,莱布尼茨认为,关于"反思"的反思既存于头脑之中,关于"无限感知"的感知永远存在于思想之中。在《论回忆与心灵的自我反思》中,莱布尼茨只关注那些有自我反思能力的反思。然而,这些具有反思能力的反思在被有意识地察觉之前,呈现在头脑中是模糊知觉的感知。实际上,我们可以设想在头脑中存在着无限的具有模糊知觉的感知,这意味着即使最低级、最模糊的单子虽不能清晰地意识到自身作为"感知者"而存在,它们也具有对"无限感知"的感知。

---

① 莱布尼茨.莱布尼茨后期形而上学文集[M].段德智,陈修斋译.北京:商务印书馆,2018:275.

② 莱布尼茨.形而上学序论[M].陈德荣译.北京:商务印书馆,1937:61.

关于是否所有"无限感知"的感知都存在于单子之中这一问题将不再被重点考察,就我们的目的而言,已经证明那些低级的、赤裸的单子本身拥有自我反思的感知能力就足够了。由于不存在事物可以进入或走出单子的"窗户",①一个单子所有的感知,包括自我感知、升华的感知,都不是外部事物的作用,而仅仅是单子因自身动力而行动的结果。作为自我完满而集中的"活的镜子",单子的自我反思是独立发生的,不依赖于其他单子的存在与否。而没有生命力的镜子的自我反映只能借助其他镜子而完成,只有当普通的镜子直接地摆在彼此面前时,一个镜子反射另一个镜子中的图像,自我反映才会发生。不可否认的是,普通镜子以这种方式反映自身,呈现在不同镜面的映像是无限多的,这正如莱布尼茨在巴黎期间的笔记中所描述的"头脑中对无限感知的感知"一般,每一个镜面呈现的图像反射到另一面镜子中,继而经过又一次反射镜面重新获得新的图像,这样循环下去,图像是无穷尽的。即便如此,普通镜子的自我反映还是会发生,但必须要借助另一个镜子的反射。因此,区别"单子之镜"和"普通镜子"的最根本一点就在于单子的自我反映是通过自身而完成的、不受任何外部事物干扰,而普通镜子的自我反映必须依靠其他镜子的存在。所有的隐喻看似最终都会崩塌,我们也揭示了单子与普通镜子的差别,但并不认为"能否在自身范围内完成自我反映"是镜子隐喻最终的决裂点。"镜子隐喻"需要被更多揭示的是单子的"自我反思的能力",因为尽管不可分割性和独立性标志着其他镜子的存在与否与单子的自我反思的能力没有关联,但和其他无生命力的镜子一样,单子自身蕴含的"反思能力"决定了自我反思的发生。

在《单子论》中,莱布尼茨认为凭借对必然真理及其抽象的认识,我们提高到具有"反思活动"的水平,这允许我们想到我之为"我",并思考到这个或那个乃备于"我们"。无论是初级状态的赤裸单子,还是高级状态的理性单子,在心灵感知时都是在自身内部完成的,而非外部事物的干扰,莱布尼茨进一步认为对外部事物的感知与头脑本身具备的反思能力毫无关系。基于对认识必然真理及其抽象的重视,莱布尼茨坚信内在的抽象观念和必然性是关于自我反思活动的全部。在《形而上学序论》中,莱布尼茨加强了这个观点:"反省是存在于我们内部的、并非被给予

①　莱布尼茨. 莱布尼茨后期形而上学文集[M]. 段德智,陈修斋译. 北京:商务印书馆,2018:257.

的既存知觉。鉴于此观点,我们本身作为天赋的主体,同样存在、单元、物质性、存活时间、变化、行动、感知、快乐及其他属性都是与生俱来的,我们还能否认思维中存在天赋的观念和学说吗?"①然而,虽然莱布尼茨已经表明了天赋观念与源于感官经验的观念二者的区别,但这并不是真正严格意义上的形而上学。"存在于我们"的每一事物都是天赋的内在原则。严格来讲,感官经验在根本上并不能提供给我们任何事情。在《人类理智新论》中,莱布尼茨重申了这一观点:"我们灵魂所有的观念和行动均源于灵魂深处,而非感官经验给予。"②在几年后写给科斯特的信中,莱布尼茨写道:"当我们以形而上学的方式审视事物时,我们总会陷入一种完全自发的状态。在这种状态中,我们对外部事物的印象完全是归咎于我们自身对外部事物的困惑"。③

实际上,既存于我们内部的不仅有被称为"天赋观念"的东西,同样包括许多困惑的感知,甚至"每时每刻都存在并非在意识、反省伴随下的无限感知"。④ 因此,当人们在自我反思或考虑自身包含的"这个或那个"的观念时,"这个或那个"的观念本身不应该包括那些感官知觉和抽象思维吗?毕竟灵魂的本质以一种非常精准的方式代表着宇宙。⑤ 作为反映宇宙的一面镜子或者说是无数面镜子,当有意识的自我反思发生时,我们不仅应该考虑思维中存在着抽象观念的"单子之镜",也应该考虑那些以自己独特的视阈反映世界的普通镜子。

这样看来,具有理性的"单子之镜"与普通镜子二者在自我反省时并非如先前看起来那般彼此割裂。诚然,无生命力的镜子需要通过反射另一面镜子的图像完成自我反映,这个图像是包含于另一面镜子之中的。虽然单子的自我反思是对自身存在和感知力的反映,是通过自身去完成的,但其本质决定了单子也包含了自身之外的感知和镜像。实际上,单子有意识的自我反思也需要像其他镜子那般借助外部事物的存在,因为"反映"或"感知"发生于单子和外部世界之中,反思是对"反映"或"感知"的反省。二者的区别在于普通镜子的自我反映需要借助外部事物作为

---

① 莱布尼茨. 形而上学序论[M]. 陈德荣译. 北京:商务印书馆,1937:62-63.
② 莱布尼茨. 人类理智新论[M]. 陈修斋译. 北京:商务印书馆,2011:17.
③ G. W. Leibniz. *Philosophical Essays* [M]. ed. and transl. by R. Ariew and D. Garber, Indianapolis,1989:195.
④ 莱布尼茨. 人类理智新论[M]. 陈修斋译. 北京:商务印书馆,2011:9.
⑤ 莱布尼茨. 新系统及其说明[M]. 段德智译. 北京:商务印书馆,1998:60.

"工具",而"单子之镜"的自我反思需要外部事物作为"对象"。"对象"反映到单子中就像镜子一样反射外部事物,因此,无论是作为"活的镜子"的单子还是"无生命力的镜子"在自我反省时都需要处于自身之外的事物的存在。从明喻到暗喻,从暗喻再到单子,莱布尼茨的"镜子之喻"生动地描绘了单子的精神性,澄清了单子与宇宙万物的关系,而旨归在于将上帝创造的最好世界呈现出来。

3.3.3　单子与道德世界

　　单子的三重特质不仅实现了单子、心灵、上帝三个维度的统一,更赋予了单子以道德意义。具体而言,"单子"通过时空性、感知性和反思性打通了心灵与世界的通道,"上帝"为世界提供了道德规定与准则。在这个意义上,莱布尼茨的单子是关于心灵的学问,正是借助心灵承载着一种独特的人性,为我们认识自身与所处世界提供了前提与基础。

　　首先,单子的时空性反映着宇宙的过去、现在和未来,这意味着我们对拥有幸福感的人的爱不仅发生在当下,更可以延展至过去和将来。表面上,那些已经逝去的人不可能成为爱的对象,因为没有生命力便没有感知能力,更不会产生幸福感。而那些可能存在的未来生物也不会是我们爱的对象,因为他们还未出现甚至永远不会存在。只有当前状态的存在才具备确定性和清晰度,过去的或未来的存在仅仅是模糊的可能性,并不会产生愉悦和幸福。然而,在莱布尼茨看来,单子的坚不可摧意味着在第一时间创造的一切仍然会以某种形式存在于当下,并且在未来将继续以某种形式存在,前定和谐原则确保了所有存在者的未来不仅仅是可能的,而是已经有了确定性。死亡并不意味着存在和感知力的终结,而仅仅就如陷入一种无意识状态,仿佛进入睡眠状态,这时所有的感知是麻木的、不清晰的。对于理智的人类来说,人们在死亡后其上帝之城中的公民身份没有被取消:"共和国永远不会失去任何成员",正因如此,人的头脑中"必须始终保持道德品质和记忆"。① 莱布尼茨是否认为大脑可以在死亡中自觉地保留记忆尚不清楚,但在谈论死亡时,他认为人必须有保护自己人格的自由。

---

① G. W. Leibniz. *Philosophical Essays* [M]. ed. and transl. by R. Ariew and D. Garber, Indianapolis,1989:189.

无论死后的确切性质如何,理性的灵魂(实际上是所有的灵魂)在死后会继续以物质的形式存在,每一个灵魂都继续以其独有的视角来反映宇宙。如果理性的生命在死后仍保留他们的个性和记忆,那么他们或是在死亡状态中保留了自我意识,或是在死后的某一天从"沉睡"中醒来。无论哪种情况,我们都可以认为人在死后仍然可以保持幸福和完满,人的仁爱之心依然是对他人的完美或幸福感到高兴的一种倾向。我们自身的完满性在于使我们对世界的感知更加清晰,这让我们能够更加清晰地感知世界的完美、美丽和美好,不仅是对作为最完美的存在的上帝的爱,还是对上帝创造的、所有快乐的、所有理性存在的爱。既然我们是宇宙中理性的、活的镜子,上帝的形象通过我们自身反映出来,我们的感知力可以向后延展至过去,向前延展至未来。这意味着无论在过去、现在还是未来,我们都有道德上的责任去追求、发现整个世界的善,并去关爱世界上所有理性的存在物。

其次,"单子"的感知能力赋予了心灵自由选择的权利,同时为心灵不断趋于完满提供了可能。由于"理性单子"在感知中实现了理性和对外部真理的认识,基于"什么是好的选择""什么是对自己和他人均是最好的选择"的目的因法则,心灵不仅可以有意识地欣赏上帝的完美之作,而且能在内部活动中有意识地模仿神的行为。正因如此,心灵被莱布尼茨描述为"神自身或自然造物主的映像"①,"上帝如君主或立法者那样统治下的道德之城的一个成员",这保证了上帝管制下道德之城"将不会有善行得不到报偿,恶行受不法处罚"②。作为神的理性形象,人类有责任尽可能地完善自己的本性,努力成为世界上一个道德的存在,以便更好地反映神的光辉。人类自身本性的逐渐完善在于自身的感知是否清晰,灵魂本身只能察觉到那些清晰的感知,它完美与否取决于感知的清晰程度。完善灵魂就是在擦亮我们自身的"镜子",我们就可以在反映世界时不带有任何瑕疵、扭曲,尽可能清晰地展示完美世界的和谐、美丽和美德。莱布尼茨认为所谓的"幸福"就是"这个理想之城的居民能得到最大限度的快乐",仁爱之心是我们从"完美、幸福和快乐"的它物身上获得愉悦感的倾向。正如我们祝福我们所爱的人,帮助他们努力实现梦想,当他们健康幸福时,我们为他们而高兴,而这不仅仅为我们自己。在最

---

① 莱布尼茨. 莱布尼茨后期形而上学文集[M]. 段德智译. 北京:商务印书馆,2019:318.
② 同上,第 325 页。

好的世界中,人们的快乐、幸福感建立在对他人的关爱之上,人们自我反思的愈深刻,关爱他人的道德关切便愈强烈,这不仅是因为反思逐渐完善人们的心灵,更是因为这一切都是上帝的完美之作。"爱别人""为他人谋福利"是我们的行为应遵循的原则和标准,这对我们处理个人与个人、个人与社会之间的各种关系具有积极的意义。

最后,"单子"的反思性明确了一个理性的道德存在者不仅应为他人利益的提升而努力,还要将不断的自我提升视为一种精神追求。这样"世界"与"人类"、"他人"与"自我"就产生了必要的关联,所有人的生活都不是彼此割裂、孤立的,而是在自然、社会、国家的共同生活观中实现的。当自身与他人利益相悖时,我们要自然、自愿地奉行仁爱之举,通过必要的感知能力和判断力,将理性反思视为我们行动的基本原则,在他人的幸福中感悟生命的尊严与意义。据此而言,"单子论"表现了莱布尼茨的利他主义伦理观,既是学理层面衡量道德行为的理性倾向,也是现实生活中朴素的生命体会,最终是在确认生活意义的沉思。因此,"自我反思""关爱他人"是我们现实生活中孜孜不倦的追求,而在"他人利益"中"提升自我"更是一种合乎理性地把握道德生活的思想方式,这对我们衡量人生意义与追求自我超越都是具有积极意义的。莱布尼茨积极的道德观提倡人类生活应富有精神性、理性、和谐美感和集体主义,人们的生活态度、处事方式基于理性思考,但是,人毕竟生活在纷繁无序的感性经验中,生命观同样需要在现实中孕育,最终再回归现实。

总体而言,单子理论向往一个充满活力和和谐的社会,每个人都是一个单子,在这个和谐的宇宙秩序中,不同的人有序地生活在一起。莱布尼茨的道德思想在一定程度上反映了当时整个欧洲社会的现实和科学水平。莱布尼茨的"镜子"清楚地反映着最好世界的美丽和完满,当人们自我反思时,可以更好地领悟单子理论的精神旨归,让我们的理性感知与之契合,进而使我们继续推崇莱布尼茨的道德观,并在对"快乐"与"幸福"的思考中获得满足。

第4章 莱布尼茨道德思想的核心内容

　　莱布尼茨道德思想的核心内容是借助上帝而展开论述的,在论证方式上,不同于中世纪的宗教神学从至高无上的"上帝"为前提下降为"万物之规定"这一自上而下的方式,相反,莱布尼茨则采取了"现实世界"上升为"普遍规定"这一自下而上的方式。可以说,莱布尼茨道德思想坚持了从理性出发的"自下而上"的路径,表现了高扬理性的启蒙主义传统。

　　实际上,莱布尼茨的道德观并没有完全摆脱神学因素,这表现在善恶、完满、自由等道德问题都是在上帝的语境中被加以论述的,可以说,莱布尼茨道德哲学的核心思想集中体现在《神正论》中。《神正论》是莱布尼茨一生中为数不多的大部头著作,书中莱布尼茨不仅重新论证了上帝的存在,还说明了完满的上帝与恶之间的关系,最终提出"这个世界是一切可能世界中的最好世界"的乐观主义观点。《神正论》具有多重的学科性质,首先它可以被视为一部神学著作,关于上帝存在的宇宙论证明、上帝的善与世间的恶的存在等神学话题贯穿全书。其次,《神正论》也可以被视为一部伦理学著作,莱布尼茨在书中全面阐述了他的幸福观、善恶观,强调了"仁慈""爱""向善"的内涵与重要性。此外,还可以从政治学角度去解读这部著作,莱布尼茨对正义的阐释赋予了《神正论》的政治学科属性。整体而言,《神正论》的真实主题是关于人的存在价值的,人如何可以体面地、有尊严地活着是其核心要义和最终指向。书中塞克斯都的故事揭示了莱布尼茨所想要表达的真实观点:人的自由、善恶、幸福、快乐归根结底都是由人自己决定的。在这里我们并没有看到具体的道德原则或道德律令,即要求人应该怎样做才能获得幸福,但莱布尼茨

正是通过对神学的世俗性阐释,将神学与伦理学融会贯通,一方面将
"善"视为伦理学的主旨、"幸福"视为道德的最高原则,另一方面视上帝
为完美的道德典范、道德理想,是最大的善和最高的幸福,强调人应该依
照自己的理性与意志自由去不断地模仿神的行为。简而言之,莱布尼茨
的道德思想是一个连续、递进并逐渐生成的过程:通过把握善恶、正义与
自由的实质,逐渐地接近完满,最终实现最好世界这一道德共同体。在
这个意义上,莱布尼茨的道德思想和神学思想紧紧纠缠在一起,这注定
了思想的核心部分具有明显的神学色彩。

4.1　善

在莱布尼茨看来,"善"是行为的不断追求和最终目的,而不是始点。
人的选择动机是以自身利益的提升、获得快乐和幸福为始点,而这一始
点的最终目的在于人和宇宙的善的实现。快乐和幸福虽然都是可选择
的目的,但都是自身以外的它物,唯有善才是为自身选择的目的,才是独
立于它物的最大幸福。

"恶的存在与全知、全能、全善的上帝关系问题"一直是神学、伦理领
域的重要问题,早在巴黎时期莱布尼茨就有过思考,他认为上帝的善有
充足的理由去建立一个可能最好的世界,恶的存在是这个世界的必要组
成部分,同时他又借助了"和谐"这一概念,提出尽管存在着巨大的多样
性与偶然性,但这个世界仍是最好、最和谐的世界。这一对"恶"的存在
的最初理解一直延续至《神正论》中,莱布尼茨主张在这个最好、最和谐
的世界上理解"恶"的问题,不应将其仅仅视为一个神学问题或概念上的
"恶",而是将其投掷在现实中进行判断。因此,莱布尼茨将"恶"分为形
而上的"恶"、道德上的"恶"、物理上的"恶"。形而上的"恶"在于纯粹的
不完满性,物理上的"恶"在于苦难,而道德上的"恶"则在于罪。① 与此
相对应,莱布尼茨将"善"也分为形而上的"善"、道德的"善"和身体的
"善",形而上的"善"意味着现实,道德的"善"意味着美德,身体的"善"意

---

① 莱布尼茨. 神正论[M]. 段德智译. 北京:商务印书馆,2018:109.

味着愉悦感和满足感。莱布尼茨并没有给出"善"的明确定义,主张在现实层面把握"善"的本质、最高的"善"蕴藏于人的本性不断地完善之中、最高的"善"是快乐三个观点构成了其道德思想的核心内容。

首先,对于形而上的"善",莱布尼茨将之归咎为一种完满性。现实(即完美)完满性不应被视为一个具体的事物进而考察人是否具有它,更确切地说,完满更应该是一种标准,并以不同的程度呈现于世。只有无限的上帝拥有着绝对的完满,除上帝以外的每一个存在物,包括宇宙,具备的完满程度都是有限的。由于只有一个上帝存在,如果其他的存在拥有着与上帝一样程度的完满性,则不足以区分上帝与它物,甚至可能导致两个上帝的存在,因此事物的完满性必须在程度上与上帝存在着差异,需要各种各样的限制。莱布尼茨认为事物的不完满表现在现实中的某种匮乏,这种现实的匮乏导致形而上的"恶"的存在。莱布尼茨习惯将"完满"理解为一定程度的现实性,即现实的和谐与多样性的统一。

在这一意义上,莱布尼茨的思想在两个方向上呈现出一致的理想主义倾向。一方面,形而上的"善"存在于一个事物的现实之中,它的完善程度取决于和谐的程度,这可以称为形而上的完美主义。另一方面,莱布尼茨认为,道德的"善"涉及人性基本特征或人的本质发展和完善。在一个有教养的状态下,这样的特征被称为"美德",这就是道德完美主义。对莱布尼茨来说,形而上的善是道德的善的必要条件,因为正是基于对"和谐"的理性才导致道德的完善。

其次,在理解道德的"善"时,莱布尼茨强调了智慧的重要性,他所理解道德的善是根据行为是否符合智慧实体的完满性,美德是根据智慧行事的习惯,我们越具有智慧,行为就越具有道德性,这表明莱布尼茨的道德思想中的善是在人的本性不断地完善之中实现的。莱布尼茨认为正义是至高无上的美德,包含了所有其他美德,正义被理解为"智者的仁慈",是为了与智慧相一致而形成的"善"。① 仁慈表现为在他人的完善中自身产生的愉悦感,在莱布尼茨的道德思想中,帮助别人可以使自身产生一种快乐、一种满足感。莱布尼茨对善的理解要求我们要关爱他人,即在他人的快乐中发现快乐、在他人的逐渐完满中实现完满,这种利他主义道德观似乎与他的行为动机的利己主义相矛盾。因此,莱布尼茨主张我们模仿上帝的行为,因为上帝是仁爱的道德典范。莱布尼茨认

---

① 加勒特·汤普森.莱布尼茨[M].李素霞,杨富斌译.北京:清华大学出版社,2019:120.

为,上帝的仁爱是一个我们应该尽最大努力去模仿和不断追求的理想对象。一个人的爱惠及其他人的幸福程度越高,一个人就越能在正义和美德中成长,从而增加道德的善行。

最后,我们看到爱他人产生出来的快乐、满足感这类主观感受正是第三种善即物理上的善,因此物理上的“善”是形而上的“善”和道德上的“善”之间的桥梁,快乐与道德在此处产生了关联。在前面提到,莱布尼茨将幸福理解为持续的快乐,而快乐正是在无私的爱中实现的,源于他人的趋向完满而在自身形成的主观感受。那么,“仁爱”的主体在实现幸福中就起到了决定因素,这就涉及人的理性与知识问题。作为智慧的基础,人的理性和知识是个人培养善、仁爱这样宝贵品质的必要手段。对他人的完美、对宇宙的完美以及对上帝完美存在本质的了解,产生了内在的愉悦感以及与智慧相一致的爱,这有助于一个人好的道德品质的形成。

这表明宇宙的和谐是美德和幸福的先决条件,但仅仅依靠上帝赋予的和谐秩序是不够的,人的因素也是必要的。换言之,如果没有人的理智,或者没有能够认识秩序的思维,宇宙将没有美德和幸福。

就此而言,莱布尼茨道德思想中的主体性原则在“善”的论述中显得非常突出。没有理性,那些旨在促进他人完满性的行动和努力就不一定会成功,甚至可能会适得其反,导致更大的身体的“恶”。相反,如果不依赖于和谐的秩序,理性本身也不能带来幸福。毫无疑问,莱布尼茨的道德思想具有理性至上的特征,但仅仅是对宇宙秩序本质的消极思考,并不是道德的善的要义之所在。实际上,道德的“善”则在尽可能地促进人对宇宙秩序的理性把握与宇宙的和谐规定的完美结合。

4.2　正义

“正义”问题普遍被归为政治或法理领域,但莱布尼茨的正义观是在神学视域下进行阐释的,他将自己的神学等同于法学,因此《神正论》可被视为一部法理学著作。值得注意的是,莱布尼茨对正义的理解涉及了仁慈、宽容、爱这样的道德范畴。在这个意义上,“正义”不仅具有神学意义,更被赋予了伦理价值。上帝的正义是莱布尼茨《神正论》的一个重要主题,他延续了柏拉图和亚里士多德对"正义"的思考,给予"正义"以基督教式的解读,即"正义"是一种爱或宽容。莱布尼茨认为正义的概念是固定的,与上帝的选择无关,因此上帝不能改变正义的本质。① 在这里,可以说莱布尼茨给出了一个同样适用于上帝的人类的"普遍正义"的定义,这一种正义意味着对世间万物的仁慈和博爱,也是为了促进最好世界的和谐与完满。另外,作为一位自然法则的拥护者,莱布尼茨认为应该有一套核心的道德观念和原则来指导所有人的行为。这些原则是客观、自然和永恒的。更为重要的是,它们在根本上也是理性的。由于遵守构成自然法则的一系列普遍伦理原则是实现善行的必要和充分条件,因此自然法则意义上的"正义"也是人行为的道德准则。

此外,莱布尼茨对"正义"进行了自然法则层面的解读,"以如此这般的方式进行活动的持久意志,因而任何人都没有理由抱怨我们"。② 这一类似方法论的定义要求我们的意志具有主观性、持久性,同时我们的行为具有道德性、利他性。"正义"与道德紧密相连在一起,成为行为是否符合道德的前提条件,这为人的仁爱、向善提供了必然性。表面上看,莱布尼茨的正义观像是康德式绝对命令的早期形式,但二者本质的差别是莱布尼茨的一切行动以最好世界和上帝无限的荣耀为最终旨归,而康德的终点则是人类的自我约束和自愿。对莱布尼茨而言,从事善的活动为他人带来利益只是一种完美的手段,而不是目的本身。

关于"正义"的基础问题,莱布尼茨认为"正义"建立在爱或仁慈的基础之上,而非笛卡尔的唯意志论和霍布斯的机械主义那般将道德真理视为上帝强行意志和权力的产物。"正义"的基础正是建立在"完满"之上,幸福也是在不断地趋向"完满"的过程中实现的。莱布尼茨认为一个完美的上帝不是凭一时冲动或权力行事,而是凭理智行事。单子在被创造出来的时候就拥有追求完满的自由与倾向。爱或慈善,通过逐渐地普遍化而变得完满。"正义"并不是像霍布斯认为的"一个绝对的力量决定全体人民的福祉",而是基于理性的对全体人民的爱或仁慈。智慧是"正义"的核心,而不是权力。因此,"正义""智慧""爱"构成了莱布尼茨道德思想的核心部分,"正义"是智者的爱或宽容,是为了与智慧相一致而形

---

① 莱布尼茨. 神正论[M]. 段德智译. 北京:商务印书馆,2018:122.
② 加勒特·汤普森. 莱布尼茨[M]. 李素霞,杨富斌译. 北京:清华大学出版社,2019:118.

成的善,也是一个伦理法则,在一定程度上其目的在于更多地促进他人的福祉;"智慧"是能够理解美好及其在和谐秩序中的客观基础之性质的品质,①我们越是拥有智慧、对宇宙性质理解得越多,我们的行为就越符合道德,"爱"就是在他者的完善中发现快乐。② 上帝拥有着最高的智慧和最广泛的爱,他的正义要求对最好世界中的全体人民给予广博的爱,因此是智慧的仁慈。人们将自己和所拥有的一切归功于上帝并虔诚地信仰着上帝,道德要求我们具有普遍的正义,并要求我们有道德、有尊严地活着。

正是基于普遍正义的观念,莱布尼茨的道德思想具有广泛性和包容性。对莱布尼茨而言,伦理学涉及实践领域,即选择和行动领域,包含着有关如何过上良好生活的问题。道德领域中普遍正义不仅涉及什么行为是正确的、什么行为是好的,或更具体地说,什么行为是允许的或不允许的、强制性的或非强制性的问题。从规范上讲,莱布尼茨的正义观不能被归结为严格意义上对正义的阐释。但从广义上讲,它属于伦理学范畴,具有积极的道德意义。总体而言,莱布尼茨对"正义"的理解与阐述归根结底还是为了实现人类的幸福,而这种幸福是在他提出的"最好世界"中实现的。

4.3 最好世界

为了解决"恶"的问题并维护上帝的正义,莱布尼茨提出了这个世界是可能世界中最好的一个的结论。在神学意义上,这一简短又明晰的理论强有力地回击了那些认为上帝本可以把事情做得更好,或质疑上帝的善与完满性的人,有效地解决了上帝是全知、全能、全善与世界上邪恶事实之间的矛盾。莱布尼茨认为,上帝创造了世界,他知道哪一个可能的世界是最好的,并选择创造那个世界,因此这个世界即是现存的世界,是所有可能的世界中最好的。

---

① 加勒特·汤普森. 莱布尼茨[M]. 李素霞,杨富斌译. 北京:清华大学出版社,2019:121.
② 同上,第 122 页。

对于最好世界理论,黑格尔有这样的评价:"莱布尼茨的《神正论》对于我们来说已经不再是完全可以接受的了,这是一种在尘世的罪恶方面为神所做的辩护。其结论是以一种偏颇的思想为依据的乐观主义,认为神要使一个世界产生的时候,就在许多可能的世界里面挑选了尽可能最好、最完满的世界……"①除此之外,伏尔泰在《老实人》中对莱布尼茨最好世界理论也有过挖苦和讽刺。然而,黑格尔和伏尔泰似乎没有看到莱布尼茨提出最好世界理论的时代因素以及所具有的积极的道德意义。就时代背景而言,当时德国社会的基本性质和基本特征还是落后、封闭的封建专制,莱布尼茨思想具有早期资产阶级软弱性,这与他的思想中想求得自身发展的积极因素明显矛盾。

此外,尽管神学与道德哲学分享着共同的哲学范畴与论证方式,但二者在本质上是矛盾的。神学的本质是一种向上的信仰及对彼岸的无限追求,道德哲学的本性则在于它的实践性,证明道德行为的合理性。或者可以这样说,莱布尼茨的神学试图还原或者构建出宇宙的理想模型,由此实现最好世界的合理性。道德思想则规定了人类行为的合理性,从而为人之生存确立安身立命的道德根据。诚然,莱布尼茨不可能宣称自己的道德思想中根本没有"神"的立足之地,或者说"只是借助理性神学去解决世俗问题",但我们看到"所有可能世界中最好的一个"表达着社会理想中的进步性因素,莱布尼茨的根本努力在于使现实社会成为一个荣光上帝的社会、一个充满爱和正义的社会。

在道德意义上,最好世界理论可被理解为一种乐观主义。莱布尼茨处在欧洲三十年战争后的时期,德意志民族充斥着失落、悲观的精神状态。最好世界理论勾勒出一幅新的世界图景,赋予残酷的现实一种新的意义,孕育一种乐观主义精神和积极的处世之道,以此慰藉人们的心灵。这个世界是最好的世界,注定现实社会也是最好的社会,虽然现实中存在着"恶",但正如莱布尼茨所阐释的,"恶"与"善"是相对立的,正是"恶"的存在更好地突出了"善","恶"并不会影响"善"的本性,现实社会是一个持续向"善"的社会。然而,莱布尼茨在这里不免有为封建制度辩护的保守倾向。最好世界理论的现实意义究竟是出于这一保守倾向,还是出于乐观的社会向善倾向,罗素的一段评论似乎有积极的借鉴意义:

---

① 黑格尔. 哲学史讲演录(第4卷)[M]. 贺麟,王太庆等译. 上海:上海人民出版社,2013:172.

人们发现两个代表莱布尼茨的哲学体系,一个是他公开宣扬的,这个体系乐观、正统而又浅薄;另一个是后人从他的手稿中总结出来的,这个体系深奥而又有惊人的逻辑性。①

两面性是莱布尼茨哲学体系的一大特征,最好世界学说也反映了这一点,一方面是为神的正义辩护而得出的结论,现实层面中显得荒谬、不切实际;另一方面,这一学说源自莱布尼茨早期思想,具有严格意义的连续性与一致性,并有助于阐明他对道德的理解。莱布尼茨最初认为上帝可以知觉到最好的和谐事物,可以说他从所有无数的可能者中选择了它们。在《形而上学谈话》,莱布尼茨认为"上帝的完满性,以及上帝以最值得意欲的方式做一切事情"②,这表明在上帝创造世界这件事情上体现了上帝的意志和完满性;"反对有些人认为上帝本来可以把事情做得更好",③这意味着上帝所创造的现实世界已经是上帝做得最好的工作,他不可能把事情做得更好;"因此,我们可以说,无论上帝以什么样的方式创造这个世界,它都永远有规则,都具有某种普遍秩序。但上帝选择的方式却是最完满的,也就是说,它在理性上是最简单的,在现象中是最完满的。"④综上而言,莱布尼茨在最好世界理论有着一个逻辑性的形成过程,从上帝的择优倾向到选择结果最佳,莱布尼茨不仅为最好世界找到了存在基础,又赋予了它实际意义。

莱布尼茨认为上帝所具有的道德必然性要求他所创造的世界是一个在可能存在世界中最好的一个,而这个现实世界之所以为最好在于它的完满性。莱布尼茨将完满区分为形而上学的完满和道德完满。最好世界的形而上学的完满表现在它的现实完满性,即存在之依据;道德完满表现为它包含着最大化的善。具体而言,一方面,完满作为上帝的道德原则赋予现实世界以根据。上帝之所以选择这个最好的世界,其基础就在于他自身所具备的完满性之要求;另一方面,完满意味着善的最大化,要求人们在现实中不断向善以实现善的最大化,并最终以幸福为目标。我们看到最好世界理论以完满性为本质,激励人们不断向善并以追

---

①　罗素 . 西方哲学史(下)[M]. 马原德译 . 北京:商务印书馆,2015:114.

②　莱布尼茨 . 莱布尼茨早期形而上学文集[M]. 段德智,陈修斋译 . 北京:商务印书馆,2018:1.

③　同上,第2页。

④　同上,第10页。

求幸福为最终指向。在这个意义上,最好世界理论认为现实世界是可能的最好的世界,现实即是天堂,我们也就没有理由希望实现一个更好的彼岸世界,这似乎意味着上帝的恩典将消失。很明显这与莱布尼茨的立场是相悖的,因为他坚决主张正统的教义,即罪是真实的,救赎需要恩典。实际上,莱布尼茨更希望把这个现实世界视为一个彼岸世界即一个理想王国,人们不仅生活其中而且会在这个世界中变得更好。不仅在道德思想中,整个莱布尼茨哲学的各个部分都以人的逐渐完善为核心,致力于改善人类的现实状况。

第 5 章 莱布尼茨道德思想的
内在逻辑与特质

5.1 莱布尼茨道德思想的内在逻辑

5.1.1 从实体到上帝,最终指向伦理

就哲学思想的演进路径而言,莱布尼茨从青年时代便开始了哲学上的思考,从专研经院哲学到被近代机械唯物主义哲学吸引、从看到机械唯物主义的理论缺陷与弊端到重新召回实体的形式,莱布尼茨的哲学一生中经历了两次重大改变,可以理解为一个"经院唯心主义—机械唯物主义—客观唯心主义"的不断否定与超越的过程。作为莱布尼茨哲学思想中的一个重要部分,莱布尼茨的道德思想相对稳固,具有一以贯之的逻辑性与稳定性,而其他学说则随着时间而发生了很大变化。可以说,他的道德思想是在形而上的维度上实现的,这意味着形而上学是莱布尼茨道德思想的支柱,道德思想的形成是伴随着形而上学和神学体系不断发展而不断生成并呈现于世的。

整体而言,莱布尼茨道德思想经历了一个从引入实体到探讨上帝,并最终指向伦理的逻辑过程。在内容上,是以人的"快乐""至善"为出发点,以实现"博爱""和谐"为归宿的"存在论""本体论"和"认识论"高度统一的系统。这一逻辑连贯的系统是以实体为基础,富有神学因素的理论体系。这一体系的逻辑演进应包括三重维度：一是莱布尼茨的道德思想随着其形而上学体系的逐渐成熟而不断生成并确立；二是精神实体是其道德思想观的理论基石，理性原则为其道德体系树立了具体规范；三是神学因素以形而上学的方式为其道德思想提供论证对象与主导思想。

首先，莱布尼茨哲学的根本任务是解决精神与物质何者为第一性的问题，他把实体概念看作自己哲学的中心，宣布"实体概念是了解深奥哲学的关键"①。哲学第一性问题也就归咎于实体本质与规定，这也是他道德思想的逻辑起点。在《形而上学谈话》《形而上学通信》和《形而上学勘误与实体概念中》，莱布尼茨阐释了实体的概念，重点强调了实体所具有的"个体性"原则和"力"的能动性；在《新系统及其说明中》，莱布尼茨的实体学说得以阐明，即前定和谐系统；在《单子论》《自然与恩典原则》中，单子被视为兼具能动性与主体性的点，莱布尼茨最终形成了完整的形而上学体系。实际上，在这一过程中，莱布尼茨以讨论实体的本性为逻辑起点，最终归结到人类的幸福。这一演进路径与斯宾诺莎的《伦理学》相一致，不同的是斯宾诺莎以一部经典著作的方式将其伦理思想呈现于世人，而莱布尼茨的道德观点分散于其不同时期的作品之中，但毋庸置疑的是其思想的连贯性与一致性，我们需要深入挖掘隐匿在其中的逻辑线索并加以整合。据此而言，那些关于"莱布尼茨并不是一位道德哲学家""莱布尼茨的道德思想并非一个具有逻辑性、整体性、独立性的系统"等质疑显然是不成立的。

其次，神学在莱布尼茨的道德思想演进过程中扮演着重要的角色，与其说他的神学观点是为上帝辩护或者调和宗教之间、近代科学与传统神学的矛盾，毋宁说他是在将上帝人格化，这是为他最终的伦理指向奠定基础的。莱布尼茨将人视为"上帝的镜子"，这注定了人的行为与上帝存在依然的关联，而这种关联并非决定论或宿命论这一意义上的，而是在表征着上帝的完满意义上的，这就为人们行为具有的道德性提供了可能与必然。在如何获得幸福的问题上，莱布尼茨主张人应该不断效仿神的行为。具体而言，虔诚的人应尽最大的努力去信仰上帝，并有尊严地生活在这个和谐的最好世界之中，从而展示出他对上帝的理解和爱。通过心灵的不断完善，人们的思想不断趋向完满并获得关于"最大的善"的知识，在这一过程中幸福和美德也会持续增长。我们看到莱布尼茨的道

---

① 段德智．莱布尼茨哲学研究[M]．北京：人民出版社，2011：86．

德思想具有浓厚的神学色彩,因为不爱上帝就不会实现道德。但更值得注意的是,莱布尼茨赋予了神学以道德价值,表现在上帝的正义和人们的虔诚所具有的道德意义,他认为基督教的美德不仅在于说话和思考,而且在于实践中的思考,即实现实践意义上的道德。除此之外,在生活态度问题上,莱布尼茨提出的"上帝之城"演变为"这个世界是所有可能世界中最好的一个",上帝赋予了这个现实世界和谐与秩序,人们生活在这个最好世界中心灵也就最快乐了,因为这反映了上帝的完满,注定了这个社会是一个持续向好的社会。人们应为实现世间的普遍正义和逐渐完满而不懈奋斗,形成一种乐观向上的生活态度。这表明莱布尼茨的神学与道德学是紧密勾连在一起的,神学可被视为道德思想演绎的重要环节,表现在人的"自由""幸福""至善""博爱"等伦理问题是在神学框架下得以阐释的,更为珍贵的是莱布尼茨"为实现人类幸福"的乐观主义道德观正是其神学的最终旨归。

莱布尼茨所追求的并不是对上帝的信仰以及对上帝行为的模仿,而是通过信仰、模仿上帝最终实现人的自由与幸福。虽然上帝创造的世界是充满罪恶与灾难的,人类也是充满缺陷的,而宗教教义却又阻止人类克服自己的缺陷、超越自己,这对上帝的基础构成了挑战,上帝也并非完满的,进而失去了合法性。在莱布尼茨那里,上帝存在的必要性在于宗教总是和人类社会的道德紧密缠绕,而上帝的形象或言行被视为人类社会道德准则的最终依据。以理性而非以信仰为基础的道德观冲破了对生命自由的限制,推动了人类的创造与进步,是一种主动的道德观。

最后,莱布尼茨的形而上学与神学最终都指向了伦理,这集中体现在《单子论》中。作为莱布尼茨思想成熟后的作品,《单子论》系统性地阐释了他的形而上学思想,这部通常被解读为本体论或认识论的形而上学著作最终旨归却是在实践意义上的。在这个意义上,《单子论》可被理解为莱布尼茨道德思想逻辑演进的最后一环,开辟出了一个道德世界,这标志着他的道德思想正式确立。在《单子论》的最后部分,莱布尼茨讲到"一切精神集合在一起,必定能够组成上帝的城邦""这个上帝的城邦,这个真正普遍的君主国,乃自然世界之内的道德世界……""最后,在这一国家完满的治理下,将不会有任何善行得不到报偿,也不会有任何罪行不受惩罚……""上帝应当构成我们意志的全部目的,而且也只有他才能够使我们幸福"。① 《单子论》正是莱布尼茨道德思想的一个缩影,即以单子的本质与规定展开,到神学因素的介入,最终确立理想的道德世界,这一过程印证了莱布尼茨道德思想的逻辑性与整体性。

5.1.2 以自由问题为逻辑主线

"自由"是莱布尼茨道德思想的持续关注点之一,在他看来,如果没有自由,人的意志和一切行动注定为必然性所决定,便会失去道德活动的基础。莱布尼茨将自由划分为上帝的自由和人的自由,上帝和人类在某种方式上是自由的,人类要在道德上对自己的行为负责,并接受赞扬或批评,②因此道德与自由是紧密连接的。就莱布尼茨道德思想的整体演进过程而言,"自由"问题是一条逻辑主线,贯穿于道德思想的不同阶段,自由是道德的存在依据,道德也是自由的最终旨归。

莱布尼茨在阐释他的自由观时,面临着两个问题。一是上帝创造了世界,并给予世界前定的和谐,这意味着上帝预知着世间要发生一切,世间处处充满着必然性,人不可能拥有自由。同时,如果上帝规定了善与恶的标准,道德成为一种强制性的约束,这样人的行为的道德基础也失去了可能性,而成为一种必然。二是认为人类活动处于因果链中,这一因果决定论意味着人的行为是不可能的。上帝和预知的因果关系构成了自由的主要威胁,莱布尼茨在《神正论》中将人类的自由描述为一个巨大的迷宫,而我们的心灵则在迷宫中迷了路。③ 在解决这两个问题时,莱布尼茨提出了以充足理由律原则为基础的道德必然性,认为这种必然性区分于数学或物理学的绝对必然性和假设必然性,关注的是道德主体的活动,即一种关注人之向善的必然性,而这种必然性在一定程度上是一种偶然性。正是偶然性的提出,主体的选择有了多种可能性,这就涉及了行为的自由与道德问题。除了道德必然性或偶然性这一自由必然性外,莱布尼茨还表明智慧与自发性对于产生自由的决定意义,智慧意味着在行为选择时对考虑对象具有明晰的认识,自发性意味着一个人的

① 莱布尼茨. 莱布尼茨后期形而上学文集[M]. 段德智,陈修斋译. 北京:商务印书馆,2018:327.

② 尼古拉斯·乔里. 莱布尼茨[M]. 杜鹃译. 北京:华夏出版社,2013:115.

③ 同上,第116页。

自身是他行动的全部因素,而不受外界因素限制。据此而言,莱布尼茨的自由是由道德必然性或偶然性、智慧和自发性构成,三者可谓自由的充要条件。

作为自由的三个部分,智慧、偶然性、自发性在莱布尼茨整个思想图谱之中被加以阐释。在《形而上学谈话》中,莱布尼茨明确指出偶然真理与必然真理的区别,为人的自由留下了余地,这不仅是莱布尼茨提出三种必然性的逻辑起点,更是以人的自由为逻辑终点。在后来给阿诺德的信中,莱布尼茨曾表示:“存在是偶然性的根源”①,他将偶然性置于存在之上,这可谓偶然性产生的基础。莱布尼茨对自发性有着一个详细的解释,“我们的自发性,从哲学的严谨性出发,不容许任何例外,并且外界因素不能对我们产生任何客观的影响”②,这一自发性保证了人的行为的正当性,因为它完全取决于自己。换言之,这意味着人的自由并非完全不受任何因素影响,至少“内在因”是影响自由的制约性因素,这有利于阐释人的自由与道德的关系问题。关于智慧,莱布尼茨将其视为“理解美好及其在和谐与秩序中的客观基础之性质的品质”③,可以让我们更深刻地理解宇宙的性质,进而使我们的行为越符合道德。除此之外,智慧还是“自由的灵魂”,是道德责任感的一个必要条件,这意味着一个没有智慧的人是没有道德责任感的。而没有智慧也就不可能拥有自由,自由与道德责任感在此处产生了关联,即人的道德行为是自由的,这种自由的实质并非一种任意性,而是受宇宙的和谐秩序所支配,只有依靠智慧我们才能获得自由,我们的行为也才能真正地符合道德。

在《单子论》中,莱布尼茨借喻“单子”的自由进一步赋予自由观以道德意义。首先,“单子没可供事物出入的窗户”强调了单子的自主性和自足性,这可以被理解为自由的“自发性”这一因素,即人(单子)的行动不受任何外部因素影响。这也流露出了莱布尼茨自由学说的“个体性”倾向,他更看重的是单个实体的自由(个人的自由),而非那种普遍实体的广义上的自由。其次,单子间的差别在于拥有不同的知觉程度,感性灵魂上升到理性灵魂的过程,即趋向于完满的过程。这意味着人们依靠理性、知识不断的反思,进一步了解上帝的本质,这一过程正是不断获取智

① 尼古拉斯·乔里. 莱布尼茨[M]. 杜鹃译. 北京:华夏出版社,2013:124.
② 同上,第 115 页.
③ 加勒特·汤普森. 莱布尼茨[M]. 李素霞,杨富斌译. 北京:清华大学出版社,2019:121.

慧的过程,因为人不可能与上帝一般完满,故不能完全认知宇宙的和谐与秩序,因此智慧就不会有终点,而是一个逐渐完善的过程。在这个意义上,莱布尼茨的自由观是一种相对自由,而非绝对自由。正是这样一种相对自由,形成了一种相对的道德观。在莱布尼茨的思想中,并没有一个绝对意义上的道德律令要求人们如何去做,而是将道德视为一个持续向上的追求。

5.1.3 以"构筑充满爱的道德世界"为精神旨归

"爱"在莱布尼茨的道德思想中占据着重要的地位,一方面体现在"无私的爱"调节了"利己主义"倾向与"利他主义"伦理观,另一方面"构筑一个充满爱的道德世界"正是莱布尼茨道德思想的理论旨归。这个道德世界要求人们不仅要爱自己,也要爱他人,世间万物在爱的作用下和谐共生,人类不断向善,社会持续向好。

首先,莱布尼茨提出的爱是一种无私的爱,包含着爱自己、爱他人、爱上帝三个层面。这种的基础在于共同性,表现主体之间、主体与客体的相互同一,你中有我,我中有你。由于实体是上帝的一面镜子,反映着上帝的恩典与智慧,这要求万物要有道德责任。莱布尼茨认为我们不仅爱惜自己,更要承担自我尊重的责任,我们把自己及拥有的一切归功于上帝,作为道德的存在,我们应有尊严地生活。当我们无私地爱着我们自己,这并非一种"利己主义"倾向的自私的爱。相反,莱布尼茨将爱定义为"在他人幸福中享乐的品质",这个定义表现了将"利他主义"的基督教传统和柏拉图道德观与霍布斯主义的见解(即我们的所有行动都是自私的)相调和。对于莱布尼茨来说,一切能产生快乐的事物是值得期待的,它是我们行为的动机或目标,这是因为快乐会带给我们幸福感并赋予我们一种满足感。而我们在爱他人的时候,也会带给自身一种快乐,这意味着"爱己"与"爱他"是兼容的,"爱他"是为了更好地"爱己"。据此而言,"爱他"可以被理解为"爱己"的另一种方式,这样爱就具有了纯粹的性质。他将这种纯粹的爱称作"无私之爱",一种可以在他人的善、完满性和幸福中寻找快乐的爱。① 可以说,无私的爱的提出是莱布尼茨道

---

① 莱布尼茨. 莱布尼茨后期形而上学文集[M]. 段德智,陈修斋译. 北京:商务印书馆,2018:247.

德思想"调和性""主体性"的集中体现,也是他"利他主义"道德观的应有之义。这种爱并不是仅对他人有利而无益于自己的"彻底的利他主义的爱",而是一种"既利他又利己的爱",可被视为一种"弱利己主义"的爱。对于莱布尼茨来说,我们不可能去做那些对自己不利的事情,但是当我们秉持着自利原则去行动时应不去损害他人的利益。相反,我们应帮助他人获得更多的幸福。

莱布尼茨的"弱利己主义"使他将"爱"理解为真挚的、无私的、善良的爱,当我们看到他人幸福时我们也会立即感到幸福。这不同于那种具有功利主义色彩的"自私的爱",将爱视为一种工具,以促进他人的快乐或幸福为手段,最终为自己的利益服务。比方说,当我们帮助一个人时,我们高兴完全是因为看到对方的困难得到解决而感到高兴,那么这就是一种"无私的爱";如果我们高兴是出于渴望对方的回馈或不久的将来会帮我们一个忙,这就是一种"唯利是图"的爱。那种"自私的爱"或"唯利是图"的爱是以功利性的物质利益为目标的,我们越是利益至上,就越会产生嫉妒、攀比的负面情感,社会就愈发物欲横流,甚至损人利己的情况常有发生。然而,莱布尼茨将无私的"爱"建立在理性的基础之上,是通过知识和沉思来激发并实现的。我们越是通过理性的不断反思,我们的心灵就会更加理解宇宙的本质,那些微小的、模糊的感知所造成的混乱将随着人的心灵的改善而变得更加清晰,这样我们便可以清醒地认识自己,并明确如何更好地爱惜自己,以更有尊严、更加道德的方式生活。在此基础上,随着我们益智的不断升华,我们就愈有能力理解完善的本质,我们就越有欲望去爱别人,并会以一个更加合理的方式去关爱别人,在别人的完善中增进自我的不断完善,在别人的幸福中实现自身的幸福。

作为第三种爱,也是最高层级的爱,莱布尼茨认为爱上帝可得到最幸福的结果,因为任何幸福都超不过上帝,同时,任何东西都不可能被知觉为更美和更值得幸福。[①] 对上帝的爱在现在就能够使我们预先品尝到未来的幸福。而且,尽管对上帝的爱是无私的,但其自身却构成了我们最大的善和我们最大的利益,即使我们并不贪图其中内蕴的这些东西,即使我们只在乎它给我们带来的快乐,而根本不介意它所产生的这

---

① 　加勒特·汤普森.莱布尼茨[M].李素霞,杨富斌译.北京:清华大学出版社,2019:122。

样一种效用,亦复如此。① 由此可见,莱布尼茨认为爱上帝不仅是爱的一种方式,更是人们遵守美德的动机,同时在爱上帝的过程中所获得的快乐同爱自己、爱他人中获得的愉悦感一道,是人类幸福的来源。"爱上帝"是对我们经验世界之外对象的爱的形式,这种爱是最为彻底的、最无私的、远离物质世界功利性的爱。而莱布尼茨正是通过对上帝的爱,阐明了无私的爱并非自我主义的对立物,而是增进自身完善、获得自身利益的重要途径。

综上所述,莱布尼茨主张的无私的爱以三种形式呈现:"爱自己"是为了让人以更有尊严的方式生存,"爱他人"是为了自己与他人利益的同时增进,"爱上帝"是人类获得幸福的最高级形式。三种爱逐一递进、相互促进,以整体性的方式推进着道德世界的构建。

其次,一个充满爱的世界是万物和谐共生的基础,这也是莱布尼茨道德观的最终旨归。在一定意义上,虽然这类似于伦理的乌托邦或道德的乌托邦,在莱布尼茨看来,它却是可以通过无限的个体建立实现的道德世界,这种道德世界观所建立的道德世界是一个消除对立的理想图景:善与恶的对立、理性和欲望的对立、自我与他人的对立都会实现和谐统一。

在莱布尼茨看来,我们的意志决定了我们的行为方式,是选择"无私的爱"还是"自私的爱"完全基于人类主观的意愿。我们所渴望得到的幸福是通过"无私的爱"所产生的快乐而实现的,同时这又取决于我们对事物本质的理解是模糊的或是清晰的。对莱布尼茨来说,现实世界从根本上说是精神上的,因此人们不仅可以通过"爱"去发掘无限的愉悦感,同时"爱"也可以被视为取之不尽、用之不竭的愉悦感本身。在这一意义上,"爱"是我们心灵不断趋于完满的关键要素,也是心灵与外界接触的方式,无限丰富的心灵构成了我们所生存的繁荣的、有秩序的宇宙。因此,在某种程度上爱为宇宙万物的和谐共生提供了可能,这个最好的道德世界也必定是充满爱的地方。莱布尼茨认为真正纯粹之爱的本性在于以所爱对象的幸福为乐,②在完满国家中,遵从纯粹之爱的本性与爱戴上帝可以使人们在完满性中获得福利。在这里莱布尼茨表达了爱的

---

① 莱布尼茨. 莱布尼茨后期形而上学文集[M]. 段德智,陈修斋译. 北京:商务印书馆,2018:248.

② 同上,第248-249页。

宗教性质,爱上帝与爱他人在莱布尼茨道德思想中实现了统一。

　　同时,在这个充满爱的世界中,人们也可以高尚地生活。在莱布尼茨看来,一个人如果是理性的存在,那么他就可以在爱上帝与爱他人中找到幸福,这是因为这种道德行为与智慧相一致,这样拥有无私的爱的人就可以高尚地生活。但是,如果一个人的视野局限于自然生活中自己所面临的痛苦与罪恶,或仅仅关注自身的利益得失,就不会积极地爱别人、爱上帝,最终也不可能通过爱去获得幸福。然而,在现实中,即使道德高尚的人在关爱他人时会产生内在的愉悦,他们的行为可能也并不会被大多数人理解,这是因为大多数人并不珍视美德,在很多情况下,美德往往得不到回报,而恶行往往得不到惩罚。因此,大多数人不会为了美德而忍受巨大的苦难,而只会关注自身利益的增进,这样这个社会就会成为一个"有经无纬"的社会,只有"国家与个人"这样管理与被管理的纵向维度,没有"人与人"之间相互影响、相互促进的横向维度。莱布尼茨认为只有最有智慧的人才愿意为人高尚,不惜一切代价去做正确的事。正是这种意愿,莱布尼茨在阐释"无私的爱"的同时,强调了理性的重要性,即爱的主体是理性的人,爱本身也是一种理性的行为。只有在理性的前提下,爱才会在现实中得以实现,因此这个充满爱的道德世界注定是一个理性的世界,只有理性的人们才可能高尚地生活。

　　我们看到,莱布尼茨道德思想的归宿落在了一个充满爱的世界上,他的哲学正是通过"无私的爱"去获得幸福,并最终促进人的道德提升。越是有爱的人,就越有德性,所能期待的幸福就越大。世间万物的和谐共生并不完全取决于上帝的恩惠和无限的智慧,而是基于他们自身的理性选择。人们可以通过"无私的爱"不断趋于完满,进而实现整个世界的友爱与幸福,反过来,一个好的社会也会促进人们的行为更具有道德意义,因此爱对于真正的幸福是必要的和充分的,这个充满爱的世界会更好地造福世间万物。

　　最后,爱是一个持续的行为,并没有终点,随着人们理智的不断提升而臻于完善,这意味着人们的爱可以是一种持续的状态,整个社会也可以持续向好地发展。这表现了一种乐观主义,在这个意义上,莱布尼茨思想中的乐观主义集中表现在他的道德思想之中。莱布尼茨所描绘的最好世界并不意味着世界所有事物都是完美无瑕的,就像美丽事物的每一部分并不总是美丽的一样。虽然世界的某些方面本身看起来并不好,存在着物理的恶和道德的恶,但这些却是构成世界的一部分,比所有其他的选择都要好。事实上,每一个世间事物无论好坏都是无法被取代的,如果被取代,世界将不再是原来的样子,而现实中这个世界是最好的,是由一个无限智慧的上帝选择的。莱布尼茨构筑的这个最好世界表面上是静态的,表现出一种类似乌托邦的乐观主义倾向,但正是爱为这个世界注入了活力,让世间万物尤其是理性存在的人以一种动态的方式为社会的持续向善而不懈努力。在这个意义上,莱布尼茨的乐观主义是严谨的,是一种基于无私的爱而得以展现出的积极倾向。

真正的爱是一个不断追求的状态,在这一过程中,我们一方面增进了他人的利益,一方面在整体和谐与共同利益的提升中完善了自我。爱可以被理解为一种意志、一种行为、一种信仰,而意志、行为和信仰必须根据经验和理性进行调整。经验和理性影响着我们的某些欲望,我们的行为往往是基于理性原则的。莱布尼茨认为随着单子的不断反思,对宇宙本质的认知就愈发明晰,我们的灵魂就会符合理性,这样我们对爱有更深层次的理解,我们的行为就会更加符合道德,我们也会有更大的欲望去关爱别人。① 而且,由于宇宙是最大程度地和谐的,因此我们从理性的爱中获得的乐趣是永无止境的,这不仅是对社会和谐的独特理解,也满足了爱的理性原则。正是"无私的爱"的存在,我们的行为才具有个人提升与社会提升的双重益处,这为人与社会和谐关系的构建奠定了坚实的基础。在这一和谐社会之中,人们的利他主义行为并非以牺牲自身利益为前提的,相反,"爱他人"也增进了自身的利益。这表明在莱布尼茨的道德思想中,个人、他人与社会是一个利益共同体,三者相互融合、共同发展。

除此之外,莱布尼茨描绘的这个充满爱的道德世界可被理解为一种乐观主义,实际上莱布尼茨的一生都是在为增进人类共同利益而不懈奋斗的。这不仅表现在他的"无私的爱"这一道德思想之中,也表现在他的科学观之中。他试图以自己的科学观点来满足这两个原则:科学必须是进步的,同时它必须是有利于道德的。

---

① 莱布尼茨.莱布尼茨后期形而上学文集[M].段德智,陈修斋译.北京:商务印书馆,2018:275-277.

5.2　莱布尼茨道德思想的特质

　　莱布尼茨一生中致力于调和"利己主义"与"利他主义"、客观秩序与主观能动、个人与社会之间的矛盾,对外界来说,他是一个典型的折衷主义者,甚至思想中具有明显的保守主义和滞后性因素。但莱布尼茨对所有矛盾的调和都有着特殊的道德意义,调和后所形成的解决方案最终也指向了伦理。与其说是源于莱布尼茨思想中的"个体性"原则,毋宁说莱布尼茨道德思想中充满着"主体性"特质。这一特质的道德意义在于妥善解决了利己主义与利他主义、客观秩序与主观能动、个人与社会之间的矛盾。

　　首先,人类选择的本质、动机是以"主体性"因素为基础的。在 17 世纪,包括莱布尼茨在内的很多哲学家在分析道德问题时都是以人类选择的本质与动机为出发点的,这是因为人类的选择与动机不仅涉及自由问题,更决定了人类的行为善恶与否这样的道德问题。莱布尼茨认为人们在行动之前要依靠动机,而人的动机总是选择那个对自己最有力的方案,我们看到莱布尼茨道德思想的前提是一种心理利己主义。但其伦理思想最终却走向了一种典型的"利他主义","爱就是在他者的完善中发现快乐""把他人的幸福视为自己的幸福"……这都表明了莱布尼茨的利他主义道德观。在解决这一问题时,莱布尼茨提出一种"无私的爱"的存在①,而这种无私的爱的主体正是每个"人"。我们看到,人的"主体性"决定了选择的不同可能,正是人趋利避害的本性造成了"心理利己主义"倾向。而这正是基于作为主体的"人"对无私的爱的选择,使得别人的"善"成为我们自身的善的一部分,进而形成一种"利他主义"。如果不遵照"主体性"原则,我们的选择动机、本质将会变得模糊不清、一片混乱,也不会出现那种"无私的、纯粹的爱"。在这个意义上,莱布尼茨道德思想的"主体性"既从人的基本欲望出发去审视道德行为,也兼顾了理性的重要。一方面,"主体性"原则使人的欲望成为道德的基本前提,但仅局

---

　　①　加勒特·汤普森. 莱布尼茨[M]. 李素霞,杨富斌译. 北京:清华大学出版社,2019:123.

限于欲望的当下性和唯我性,这可能会导致道德的不确定性,甚至是缺失。另一方面,"主体性"也使理性成为道德的基础,正是基于人的理性,我们才不会一味地满足当下的欲望,才会兼顾到别人的欲望。

其次,"主体性"要求人在实现幸福的过程中既要尊重客观世界的和谐规定,又要保持"主体"的思想自觉。莱布尼茨的唯心主义集中表现在单子的性质中,宇宙的基本构成在本质中是精神实体。这意味着莱布尼茨对待每一个实体都等同于上帝,因为每一个实体都表征着上帝,虽然实体间存在着思想或灵魂上的差异,但在宇宙中却是平等的,都拥有着追求幸福的权力。在这里,莱布尼茨高扬了人类心灵的尊严,深刻理解了心灵的本质。心灵不仅是形而上学意义上的不朽的非物质实体,也是认识论意义上具有天赋观念和知识的载体,更是道德上实现幸福的主体。同时,"前定和谐"的提出一方面反映了上帝对世间万物的恩典与关爱,另一方面为行为主体提供了客观秩序。人们一方面要尊重客观规律,另一方面作为精神性的存在,人们在行为选择、追求幸福中是拥有主动权的,客观的和谐仅是一个框架性的规定,归根结底还是要符合主体的,这在现实中表现为道德共同体的所有成员和谐地生活在一个受共同标准限定的理想王国之中。在这一意义上,莱布尼茨的道德思想超越了主体(人)符合客体(和谐规定)的基本理论范式,确立了人的主体在树立道德规范中的决定性,开启了以"主体性"原则优先为动力因和目的因的幸福道路。

再次,莱布尼茨道德思想的"主体性"在人与人的现实关系中得以展现,突出了个人的不断完善对于促进他人利益和社会进步的积极意义。莱布尼茨的道德思想是以"利己主义"倾向为出发点的,而最终却形成了一种"利他主义"伦理观。他认为人与人之间并非处于一种利益的博弈状态,而是一种互利共赢的状态。这表明我们在关爱他人的过程中,并不损害自己的利益,相反别人的利益是我们利益的一部分,他人的幸福就是自己的幸福。在这一过程中,"利己主义"是出于行为主体的私人利益的考虑,"爱"这一行为也是完全基于主体的自愿选择,"利他主义"这一结果是所有人利益的整体增进,这是一个从主体利益出发,最终又回溯到主体的循环。

最后,在获得幸福的问题上,莱布尼茨秉持一种富有"主体性"的积极向上的幸福观。他批判斯多葛派消极地理解人的幸福的立场,"将幸福等同于单纯地忍耐"。相反,莱布尼茨综合了两种幸福观:一种是亚里士多德提出的"幸福是人的最高追求""幸福是合乎德性的现实活动";另一种是中世纪奥古斯丁提出的,古希腊这种精神安宁的追求并不能称为幸福,爱上帝才是最高的幸福。[①] 莱布尼茨将完满概念用于调和古希腊和中世纪两种幸福观,指出完满的最终指向是幸福,对上帝的"纯爱"给人以幸福,人永远处在追寻新的完满的过程中。莱布尼茨从"人"这一主体出发,认为意志是一种内心的愿望或做某事的欲望,是人类行为的核心。而真正的幸福永远是我们欲望的目标,因此人应该追求幸福。至于获得幸福的途径和方法,首先要"爱上帝",我们的幸福是一个获得新的快乐和新的完满的永恒的过程。人作为主体需要不断思考自身的完满性与上帝的完满性,才能让人从所爱的对象的幸福中取得真正快乐与幸福。

---

① 　加勒特·汤普森. 莱布尼茨[M]. 李素霞,杨富斌译. 北京:清华大学出版社,2019:122.

第6章 莱布尼茨道德思想的价值与意义

莱布尼茨的道德思想不仅是独立于形而上学、神学的一个独立体系,更是所有学说的最终旨归,即为人类的共同利益和幸福展望而不懈奋斗。在理论上,莱布尼茨道德思想具有三重意义,首先重新确立了道德思想的重要性与完整性;其次,对后来的哲学家,特别是对康德的道德形而上学产生了直接的影响;最后,为当下形而上学提供一种反思的视角乃至重构的路径。在现实意义与价值方面,莱布尼茨以一种独特的方式呈现着他所处时代的精神,他的道德思想所表达的时代真理具有道义和文明的标榜意义,这种人类精神合乎理性、乐观崇善的独特气质,对新时代中国人民时代精神的塑造、人与社会的和谐关系的建构具有积极的启示。

6.1 莱布尼茨道德思想的理论价值

6.1.1 重新确立了莱布尼茨道德思想的重要性与完整性

道德思想、形而上学、理性神学在莱布尼茨的哲学体系中并不是孤立的存在、互不关联,而是相互支撑、紧密地结合在一起构成一个有机整体。这个体系的基础正是"单子",规定是上帝的"和谐",最终指向则为道德世界。可以说,莱布尼茨的道德思想实现了形而上学与神学的互通与同构。在建构意义上,莱布尼茨的道德思想随着其形而上学体系的逐渐成熟而不断生成并确立,精神实体是其道德思想观的基石,"前定和谐"理论为其道德体系树立规范,神学因素以形而上的方式为其道德体系提供论证对象与主导思想。正是在这一过程中莱布尼茨道德思想实现了存在论、本体论、认识论的高度统一。因此,莱布尼茨的道德思想的重要性在于明确了"莱布尼茨是一个系统的哲学家""莱布尼茨的道德思想是独立存在的"两个问题。

莱布尼茨道德思想的完整性表现在思想的实践性、公理性、调和性三个特征之中。实践性是现实指向,公理性是理性方法,调和性是理论特征,三者同时贯穿于理论之中,并以整体性的方式呈现。首先,在莱布尼茨的道德思想实践性问题上,形而上学并不是严格意义上的认识论形而上学,相反,在其演进过程中明显地富有道德维度。《单子论》作为莱布尼茨形而上学体系建立的标志,完全是以"单子"展开到"道德世界"的建构结束,从伦理的角度出发,可以理解为探讨"如何从自然中开辟道德生活"这一追问。此外,《神正论》探讨的也非传统意义上的宗教神学教义,而是树立了人在既定图景中的生活原则,体现了莱布尼茨道德思想的世俗性、实践性指向。其次,与莱布尼茨其他学说一样,他在阐释道德思想时延续了公式推理的方式,这表现出了莱布尼茨思想的整体性与同构性。莱布尼茨认为在哲学中可以用方法来清楚明晰地证明,以建立坚实可靠的东西。虽然他鄙弃了机械地解释自然这一方式,但在阐释一些基本伦理概念和范畴时,莱布尼茨经常用一些公理的方式加以证明,这也是他道德思想的一个显著特征,如在"善"的论述中,莱布尼茨明确了三种"善"的区分:一是形而上的善;二是道德的善;三是物质的善。关于"善"的五个核心分别是:一是善会产生快乐;二是快乐随着完满的程度而增加;三是意志是欲望,它受主观判断的掌控;四是判断只适用于可感知的善;五是欲望总是为了不断地自我完善。我们看出,莱布尼茨在表达道德思想时延续了他在几何学中的方法,这不仅使道德思想表现得更加直观,也使道德思想与他的科学思想——形而上学紧密衔接、深度融合,统摄于莱布尼茨为人类共同进步这一伟大事业之中。最后,莱布尼茨的道德哲学具有明显的调和性。这不仅表现在"前定和谐"理论调和实体之间、心灵与形体之中,更体现在其道德哲学整体的演进过程中。

关于"善"从这些分歧学说中构建出来的理论说明了莱布尼茨对哲学研究的折衷方法。正如他在评论自己的哲学体系时所说:"这个体系似乎把柏拉图与德谟克利特、亚里士多德与笛卡尔、经院哲学与现代人、神学与道德与理性相结合。显然,它从所有系统中汲取了最好的,然后比任何人都做得更远。"①在探讨"幸福"这一伦理学的核心问题时,亚里士多德便提出幸福是人的最高追求,"幸福是合乎道德性的现实活动"。奥古斯丁则认为,古希腊这种精神安宁的追求并不能称为幸福,爱上帝才是最高的幸福。莱布尼茨将完满概念用于调和古希腊和中世纪两种幸福观,指出完满的最终指向是幸福,对上帝的"纯爱"给人幸福,人永远处在追寻新的完满的过程中。这种"调和性"不是莱布尼茨道德观的妥协,相反这正是莱布尼茨道德思想"整体性"的应有之义,不仅兼容了"身体与灵魂""理性与信仰",同时统一了"单子与整体""利己与利他"这类矛盾,促进了他的整体思想具有道德的实践意义。

整体而言,莱布尼茨的道德思想是基于形而上学、神学的基础上建构的,但事实上,他关于道德问题的探讨是早于形而上学的,在每一时期的作品之中,莱布尼茨都流露出对道德问题的深入关切,并将最终旨归指向伦理。像实体、灵魂、单子这样形而上学范畴的概念问题归根结底还是要回归于实践层面,即关注道德美德。在神学与道德哲学的关系问题上,莱布尼茨认为宗教统一将有助于实现完满,宗教的作用不仅在于说话和思考,而且在于实践中的思考,即实现美德。可以说,道德思想是莱布尼茨整体思想中最重要的一部分,也是我们经常忽略的一部分,加强对莱布尼茨道德观的阐释有利于我们进一步把握莱布尼茨哲学思想的理论范式与精神旨归。

6.1.2 与康德道德形而上学关系的思考

莱布尼茨的道德思想不仅传承了古代哲学传统,而且通过其不断的演进构成了德国古典哲学的开端根据。我们姑且将莱布尼茨道德思想视为一个独立、系统的道德体系,基于理性而论证道德的最终根据所带来的最大意义就是,它始终在以过去推及和影响着未来,这几乎构成了

---

① 段德智. 莱布尼茨哲学研究[M]. 北京:人民出版社,2011:66.

德国古典哲学的传统。对莱布尼茨道德思想的价值与意义进行深入研究,有助于我们重新理解莱布尼茨与康德哲学的关系,进而全面理解德国古典哲学的奠基之路。实际上,莱布尼茨在德国哲学界产生的影响远远大于国外,沃尔夫继承了莱布尼茨的思想并发展为唯心主义独断论,后世称为"莱布尼茨—沃尔夫体系"。

对于德国古典唯心主义的奠基人,莱布尼茨的哲学后来演进为一种独断论,这并非他哲学的应有之义,我们更应该注重莱布尼茨思想的积极因素对康德的影响。诚然,康德对莱布尼茨的态度是复杂的、矛盾的,一方面,康德在《纯粹理性批判》中猛烈批判了思辨形而上学这一传统;另一方面,康德继承了莱布尼茨的固有观念学说,二人共同认为心灵并非一块白板,观念并非源自经验而是源自知性本身。此外,莱布尼茨哲学很大程度上是建立在对洛克、笛卡尔的否定与批判基础之上,康德也继承了这一传统,在批判中推进自己的思想脉络。莱布尼茨的道德思想并非服从自然外在必然性的它律规定,也不是以目的为出发点的功利主义道德,而是自在地作为目的而存在的有理性的人之特别规定性,莱布尼茨道德思想的阐发是后来康德道德形而上学追问的预演和铺垫。在这个意义上,康德会被视为一个蜕变了的莱布尼茨。① 实际上,康德非常尊重莱布尼茨,他认为,莱布尼茨和所有伟大的哲学家一样,也是一位道德学家。② 莱布尼茨的道德观对康德的影响是全面的、深刻的,康德在探讨人类行为的"道德正当性"和"意向正当性"时,曾由衷地感叹道:"莱布尼茨用显微镜仔细地观察了一只昆虫后将它爱惜地重新放回它的叶子上去,因为他想通过自己的观看感到自己获得了教益,并仿佛从它身上得到了愉快的享受",③从而"赋予德性和按照道德律令的思维方式以一种美的形式。④ 虽然莱布尼茨没有明确提出康德式的道德律令,但二者都致力于为道德问题寻找共同的基础,并最终形成一种积极的道德观。

---

① 段德智.莱布尼茨哲学研究[M].北京:人民出版社,2011:416.
② 同上,第421页.
③ 康德.实践理性批判[M].邓晓芒译.杨祖陶校.北京:人民出版社,2003:217.
④ 同上,第218页.

　　首先,虽然康德的道德哲学在许多方面与莱布尼茨的道德思想有很大的不同,但在道德哲学领域,二者均试图为道德找到一个共同基础,而不是像许多经验主义者那样将道德归咎于私人领域,如洛克主张德育教育,休谟认为道德行为的基础是人的情感而非理性;也并非将道德问题归咎为社会习俗、政治权威或宗教信仰的层面。值得注意的是,虽然莱布尼茨的道德思想具有实足的神学色彩,但并不意味着道德被纳入神学领域,相反,像《神正论》这样的神学著作最终指向了伦理。在这个意义上,莱布尼茨的神学思想应被纳入道德的范畴,而道德问题真正广泛的基础则是理性。虽然莱布尼茨认为理性是道德的基础,却没有提升至为全人类确立道德法则这一高度,更没有触及"道德法则是什么""人为什么可以确立道德法则"这样康德所关注并解决的问题。具体而言,莱布尼茨道德思想所主张"自我反思""关爱他人"可被视为道德行为或是一种道德标准,人对完满的不断追求正是对"人为什么要遵守道德""人为什么可以确立道德准则"这样问题的尝试性回答,"最好世界"也阐述了道德领域中上帝和人的和谐关系问题,莱布尼茨所关注的"何为道德或道德行为""人为什么要遵守道德""上帝和人的伦理关系"三个问题正是康德道德形而上学所回答的问题。不同的是,康德将进一步明确了人类道德规范的基础和价值趋向,目的在于为全人类确立道德法则,关注的是"何为道德法则""人类何以确立道德法则""如何在道德法则中探讨灵魂、上帝"三个问题。

　　在康德那里,理性从认识论领域应用到实践领域,这赋予了理性除形而上意义外的伦理意义。他将最高的道德原则视为理性的标准,称其为"绝对命令"。康德的"绝对命令"可被概括为一条:让你的行动准则成为一条普遍的行动准则。"绝对命令"定义为客观的、合理的理性原则,尽管每个人有着不同的愿望或倾向,但我们必须始终遵循。"绝对命令"的第一种方式变现为:"要这样行动,使得你的意志的准则在任何时候都能同时被视为普遍的立法的原则。"①该原则要求人们承认他人自主行动的权利,这意味着由于道德律令必须是可普遍化的,对一个人的要求同时也是对所有人的要求。换言之,人的行为既涉及自身,也涉及他人,道德法则的普遍性体现在每一个人的具体行为之中,因此每一个人的行

─────────────

① 康德.康德三大批判合集(下卷)[M].李秋零译注.北京:中国人民大学出版社,2016:554.

为即是社会道德法则的现实印证。这与莱布尼茨提出的"每一个单子都以自身独特的方式表征着世界"观点高度一致,这意味着在道德意义上,一个人的德行关切着整个社会的道德规范,没有一个人游离在人与人、人与社会的整体关系之外,个体的行为应具有普遍的意义。

第二个层面,"绝对命令"表现为:"你要如此行动,即无论是你的人格中的人性,还是其他任何一个人人格中的人性,你在任何时候都同时当作目的,绝不仅仅当作手段来使用。"①"简言之,"人是目的而非手段"表明了在现实生活中人们难免将自己或他人视为实现目的的手段,而在理想状态之中,人作为理性存在着,应被视为有尊严的自在的目的。一方面,理性的人之所以要有尊严地生活在于人本身的价值,这一价值并不是可被自身或他人利用进而实现某种目的的"价值",而是一种人之为人的高贵本质,即人本身就是"目的";另一方面,人们之所以要彼此尊重、彼此关爱,不是因为别人具有某种价值可被利用(可被视为手段),而是出于理性的人本身所具有的尊严或价值(目的)。可以说,康德捍卫了道德的价值,高扬了人的主体价值,维护了人的尊严,肯定了尊严和价值观念在道德观念中的重要作用,这也体现了启蒙时期的"人本主义精神"。这种"人本主义精神",即关注人有尊严、有道德地生活在世上,也是莱布尼茨道德观的核心要义与理论特质。一方面,莱布尼茨表示"道德要求我们体面地活着""我们把我们自己的一切都归功于上帝",人之所以要体面地生存,不是出于外在因素,而在于人本身的道德与尊严;另一方面,在现实生活中,一个道德之人不会因为身后之事而尽力采取某种功利性行为,而应该将他人的不断完善作为最终目的,具体表现为:"在他人的快乐中发现快乐""对所有人做与他们的权利相一致的善事""我们要仁慈并促进他人的完善""把他人的利益作为我们利益中的一部分"等。在这一意义上,康德的"人是目的而非手段"的绝对命令正是沿着莱布尼茨道德思想对人的尊严孜孜不倦地追求与确立这一路径而展开的,实际上这也是对现实中道德原则的重新确立。虽然莱布尼茨的道德观并没有彻底摆脱上帝的因素,但在"人的价值"这一问题上,确立了"以人为中心"这一观察和把握世界的方式,在此基础上,康德开启了在人的本质之内探寻道德原则之路,最终提出"人是目的"这一道德律令,这要求一个人为了有道德地生活,绝不能将另一个人当作实现更大目标

① 康德. 康德著作全集(第 4 卷)[M]. 李秋零译. 北京:中国人民大学出版社,2005:437.

的手段，人类凭借其独特的理性，是不同于其他形式的物质而存在的。

第三个层面，"绝对命令"表现为：让每一个理性存在者的意志，都能成为普遍立法的意志。康德认为，任何以实现其他利益为动机的道德律令都会否定"绝对命令"，道德律令只源自理性意志。该原则肯定了每一个理性存在者的意志自由这一权利，意味着道德法则必须具有普遍性，即反映每一个人的意志，同时对一个人的要求也是对所有人的要求。这一道德原则为主体的行为选择创造了空间，因为不同的原则可能对不同的人有着不同的决定性影响，而是否每一个选择所依据的原则均是合乎理性的或普遍试用的呢？康德认为理性是普遍的，无论一个人经历和情况如何，只要道德是从理性中衍生出来的，就应该对什么是美德和什么不是美德有一个相当客观的认识。在康德看来，所有特定的道德要求都可以用道德律令来证明，这意味着所有不道德的行为都是不合乎理性的。康德的道德哲学的理论起点是以人的行为动机开始的，进而阐明了善良意志、责任、规律的先验性。在这一点上，莱布尼茨道德思想的基本前提也是"人的选择本质"，二者是一脉相承的，具有逻辑的一致性。莱布尼茨和康德都认为，当一个人受到道德行为的激励时就会采取行为，这种行为是由一种信念和一种欲望所激发的，行为主体只有具有独立的动机或倾向时才会去行动，同样也才是接受他人行动的理由，使自己获取快乐的选择也是一个好的选择，幸福是一件有益的事情，做某事以使自己快乐，这不是自私，这没有错，做自己喜欢的事情会获得道德上的价值。同时，与莱布尼茨一样，康德高度重视动机的"利己主义"倾向与行为中促进他人利益的"利他主义"之间的一致，而这一切都是建立在理性的基础之上，即理性才是欲望的根本动机，理性才是道德行为的真正基础。康德超越莱布尼茨的地方在于，他摒弃了"利己主义"或是"利他主义"这两种功利主义的倾向，即行为的道德价值由其结果的丰硕程度决定。相反，康德认为行动的动机（或手段）而非后果（或目的）决定了其道德价值。

其次，莱布尼茨道德思想中弥漫着乐观主义精神，现存世界是一切可能世界中最好的世界，而现存社会也是所有可能社会中最好的一个。莱布尼茨描绘了道德社会的理想图景，人们对完满性的不断追求推动了社会向善发展。这样人们便心存对美好未来的不断憧憬，催人奋进并让人保持一种积极乐观的生活态度。这一思想深深地影响着康德的国家观，康德用乐观主义来认识和改造世界，并为"永久和平"设计了一条渐进变革的道路,以求最终实现最高价值——对人的终极关怀。这一延续与扬弃不仅体现了康德对莱布尼茨道德思想的继承,更是康德对德国古典哲学和整个西方哲学的贡献。虽然《永久和平论》经常被解读为一部政治学著作,集中展示了康德的永久和平思想,但其理论指向最终是伦理意义上的。在《永久和平论》中,康德提出了一个联盟,每一个国家,甚至最小的国家,都可以不依靠自己的力量或者自己的法律裁决,而只是依靠各个民族的联盟,依靠一个联合起来的力量,依靠以联合起来的意志的法律为根据所做出的决定,来获得自己的安全和权利。这一构想与莱布尼茨所构筑的道德联合体高度一致,单子独立而和谐地存在于理想城邦之中,单子间通过自我反思与彼此的关爱促进着宇宙的共同利益。

最后,虽然莱布尼茨对康德道德形而上学具有深刻的影响,但二者之间很多观点仍存在分歧,或者说康德某些道德观的阐述是建立在对莱布尼茨道德思想的批判基础之上。首先,是关于"幸福"。莱布尼茨与康德分别站在内在规定性、外目的论的立场去看待幸福。在莱布尼茨看来,幸福是理性的人的行为的内在规定性所实现的,幸福是人理性的追求,也是人自然的情感体验。幸福的基础是人趋利避害的天生本性,幸福的精神根源是表征着上帝的完满,幸福的实践路径是无私地关爱他人、在他人的逐渐完善中提升自我,幸福的价值意义在于宇宙万物的不断向好、和谐共生。莱布尼茨把幸福作为理想正义之实现的道德世界的首要目标。他认为上帝之城的幸福和荣昌在于居民最大可能的幸福,如果说物理世界存在的第一原则是最大可能的完美,那么道德世界的首要目标则是在其中播撒最大可能的幸福。[①] 相反,康德则拒斥幸福,他认为幸福是"财富、权力、荣誉甚至健康和全部生活美好、境遇如意"[②],这种外在的、以目的论为动机的幸福不符合理性的道德绝对命令。

此外,康德对莱布尼茨最好世界理论进行了反驳,他并不认为无限的上帝创造的世界也是无限的,相反现实是有限的存在。此外,康德认为可能存在两个或多个平等的最好世界,因此不可能有独一无二的最好世界。尽管在形而上学的乐观主义中二人有着明显的分歧,甚至康德哲学具有悲观主义色彩,但在道德思想中二者还是有着高度的共识。我们

---

① 李少兵,杨关玲子. 正义·理念·和谐·幸福-莱布尼茨正义理论的独特性及其当代意义[J]. 北方论丛,2015(5):116.

② 康德. 道德形而上学原理[M]. 苗力田译. 上海:上海人民出版社,1986:42.

在前面讨论过,莱布尼茨的乐观主义体现在"无私的爱"这一持续状态之中,伴随着理性不断提升,人们越会理解爱的本质,也更有欲望去关爱别人,这样周而复始,不仅人会变得更加有道德,社会也是积极向善发展的。在康德道德哲学中,也表现着这样一种乐观的义务主义。在康德看来,一个好人是一个总是尽责的人,因为这是他们的责任,无论这样承担责任是否符合人的主观意愿,据此而言,要成为一个有道德的人,就必须兼具善良意志与责任。综上,莱布尼茨和康德的道德观紧密纠缠在一起,他们共同致力于为道德问题找到一个更坚实而又广泛的基础,在突出理性在道德运用中的重要性时,也保持了人与世界之间的和谐关系,最终以一个积极乐观的道德观呈现于世。

6.1.3　心灵的复归为当代形而上学重建提供可能

纵观整个西方哲学史,德国古典哲学无疑具有超越于时代的理论价值,这一时期的哲学是哲学史中最为全面、系统与深刻的思想体系。因此,对德国古典哲学思想体系中任何概念所进行的系统性研究,都将具有重要的理论意义。道德哲学是莱布尼茨整体思想中最为核心的一部分,"理性"与"神性"相互交融的演进过程是贯通整个理论体系发展的线索的。莱布尼茨道德思想的逻辑演进与体系构想可以说在整个德国古典哲学发展的各个阶段中都占据着重要的理论地位,有着无法替代的研究价值。

从学理上来看,莱布尼茨道德思想的根基构建、演进过程及精神旨归构成了一个完整的体系,这个体系是以"精神实体"与"理性神学"的共融为基础的,具体而言,形而上学意义上的"单子""心灵"为道德思想提供了基础,神学意义上的"上帝"为道德思想提供了规定与最高标准,无论是形而上学范畴,还是神学范畴最终都指向了道德范畴。在这个意义上,莱布尼茨的道德思想是关于心灵的学问,正是借助心灵的存在实现了形而上学、神学、道德哲学的同一性与一致性,哲学领域中心灵这一主题的复归为我们再度唤醒"灵魂"提供了可能。在机器主宰的时代中,"有生命"的现实注定被同化为"无生命"的存在,理性似乎已全面掌握着纯粹思想的本真内涵和内在原则,而在思想本身从"有生命"到"无生命"的逐步衰退中,已渐渐失去了生机与活力。思想如何在这一残酷现实中

"活着",拥有强大的生命力,并保持独立的存在形态,这为当代形而上学的重建提供现实路径。

首先,从古希腊开始,哲学家就开始关注与"心灵"直接或间接相关的问题,心灵表现出一种独特的人性,这正是我们认识自身与所处世界的前提与基础。

随着近代精神的不断塑造,传统形而上学在莱布尼茨之后的演进过程中被不断地解构或消解,甚至一度失去安身立命之地,叔本华提出"这个世界是最坏的世界",维特根斯坦认为哲学只是被动地分析,在德里达看来,哲学需要被"消解"……①,古典哲学中倡导的精神、灵魂或宗教等因素在极端理性化、世俗化的当代现实中难以延续残生,这个过程不仅是形而上学逐渐消亡的过程,也是一个从迷魅到祛魅的过程,一个"神性消隐"的时代俨然成为我们生活的现实,而传统形而上学如何在今日找到栖息之地是一个我们必须面对并亟需解决的问题。在这个意义上,莱布尼茨道德哲学中丰富的心灵因素可为当下形而上学提供一种反思的视角乃至重构的路径。在莱布尼茨那里,心灵并非仅停留在"身心关系"的本体论层面,更具有道德意义上的属性,这一"道德心灵"具有主观能动性与超越性,表征着人类之本质、道德之根据。莱布尼茨虽然是一位泛心灵主义者,认为除了作为人类心灵的理性单子之外,人体各处都有非理性的、裸露的单子。他将人类的心灵称为"高级单子",而存在于动物体内的裸露的单子则为处于从属于地位的低级单子。② 就莱布尼茨而言,即使植物也具有单子,但由于它们缺乏感觉,因此严格地说,这些单子不能称为"灵魂",它们仅仅是裸露的单子。这表现出心灵在莱布尼茨思想中的重要性,在他看来,心灵是一种自我意识,心灵的反思则为自我意思的反思,这样的反思也是形而上学的表达方式,即人的精神的最高层级的表达。道德的灵魂或心灵是以超验的形式存在的,它的本质在于一种对现实有限性的突破,并指向一种无限性。这种无限性印证了人的不断追求、竭力向好的本性。据此而言,莱布尼茨道德思想中的心灵即承载着积极的乐观主义,又作为现实基础上而超越"现存"的主体,推动着形而上学向前、向上发展。

---

① 陆杰荣:哲学境界[M]. 长春:吉林教育出版社,1998:5.

② 莱布尼茨. 莱布尼茨早期形而上学文集[M]. 段德智,陈修斋译. 北京:商务印书馆,2018:307.

莱布尼茨道德思想中充满了心灵因素与神性因素，他的前定和谐理论更是标志着心灵哲学史上的一项重要创新。莱布尼茨否认身体与灵魂之间的任何真正互动。与偶因主义者不同，莱布尼茨拒绝了上帝不断干预以产生灵魂与身体之间的对应关系的观点。他认为，上帝创造了人的灵魂和身体，使它们自然地彼此协调，而上帝与人之间却没有任何互动或神圣的干预。"前定和谐"学说是莱布尼茨道德思想的基本规定，为人的理性、自由留有空间，这也为后来"心灵哲学"的形成与发展奠定了基础。自 20 世纪中叶，"心灵哲学"正式确立之日开始，它与形而上学、道德哲学就是紧密勾连在一起的，始终关注着一些道德问题如情感、意志、愉悦、幸福、自愿性等。其中一些主题，如"自愿采取什么行动是什么？"和"幸福到底是什么？"更是经典的伦理问题。因此，一些哲学家将这些主题视为心灵哲学中一个独特的领域，即"道德心理学"。这一理论演进过程体现了莱布尼茨式"将形而上学道德化""将道德形而上学化"的经典理论范式，其中心灵无疑起着关键的作用，不仅消除了形而上学与道德哲学的理论边界，又为形而上学提供了新的理论范畴与范式。在理论模式的重新组合中，心灵为形而上学提供了一个反思的视角和批判的立场。多数情况下，心灵是一种象征意义的行动或力量，在多数事物和实践中，人们却赋予心灵以更多的意义与可能，这一事实同样可以出现在哲学领域。当代哲学不再推崇灵魂的实体，也不再有人格化的神，这也正是当今形而上学陷入理性化的铁笼、"非人格性"的思想大行其道的症结所在。心灵作为传统的哲学范畴，它的复归并不意味着在超自然力量中确立自主的地位，而是在心灵的纵深之处，建立一个置于自身之外的独立空间，这一空间打破了人与人之间、人和宇宙之间的明确的、不可逾越的理性界限，"现实的自我"外化为"精神的自我"，理性的反省、道德的标准、价值的判断都以一种不可被理性穷尽的方式充满着"心灵的力量"。

其次，传统思想的回溯对重思形而上学的当代境遇具有积极的思想洞察价值，现代形而上学已呈现出多样性的发展趋势，人们将"形而上"的问题与方式置于不同"视界"中并加以关照，这就造成了形而上学对象性的确立、研究方式的恒定性与真实性的困境。心灵作为传统的哲学概念、范畴，承载着哲学的理想性、超越性的本质。在莱布尼茨道德思想中，心灵无疑占据着极为重要的位置，心灵不仅是道德的基础，又是人类行为遵循的根据与追求的目标。莱布尼茨的道德思想中的心灵始终围绕着人之完善、人之追求而展开,关乎人之本质,可以说,这种心灵观本身就蕴含着一种"形而上"的追求。莱布尼茨的乐观主义慰藉着人们的心灵,支撑着人们的精神,因此他的道德观为反思哲学的意义、认清生活的本质提供了一个崭新的理论视角。

毫无疑问,在自然科技主宰的当代社会,科学这一近乎完美的思维方式已然成为现代人的主流思维,科技发达、创新高效的社会成为现代文明的标榜,在科技的裹挟下,人类不得不踏上了现代化之路。这导致我们的生命经验、生活方式、行为准则发生了根本性变化,我们更强调物质性,我们的信仰和道德感弱化了,忽视感性经验、崇尚个人主义等。然而,无论自然科学以何等精准、严谨、全面的方式解释世界,无论这一解释方式为人类带来何种程度的进步与改变,它并不是解释世界的唯一方式,更何况不可能赋予人或世界任何存在的意义。然而,形而上学在拥有着超越性指向的同时,始终隐含着一个深刻的现实性诘问:究竟什么是真实的生活或生活的真实?[①] 在现实中,人总要寻找"意义",以求将其作为慰藉自己的家园。在面对这一问题时,莱布尼茨的道德观以形而上的方式表达着人对美好生活的追求,印证了生活的现实性与真实性。从莱布尼茨道德观的现实性维度出发,可以更好地把握人的形而上本质,可以更直观地理解人的形而上旨趣。正是在这个意义上,莱布尼茨的道德哲学并不是现成的教条与规定,而是一个对人之本性的追求。人的本性从实质上而言是某种具有超越指向的形而上存在,哲学的本质与人的本性的一体性关联体现在哲学上总是从构建某种理论样式的"形而上学"以表现人在某一特定生成阶段中的形而上旨趣。[②] 在这个意义上,人的本性与哲学的本质是一致的,人的本性注定了人要为探究生活的本质而不断地发起形而上的追求,哲学也正是在这一过程、这一目标中展现其本质和使命的。

---

① 王国坛. 面向事情本身的哲学追求——读陆杰荣《形而上学与境界》[J]. 哲学研究, 2007(3):121.
② 陆杰荣. 从境界的维度解读当代意义上的形而上学[J]. 辽宁大学学报(哲学社会科学版),2006(1):9.

　　莱布尼茨的道德思想并非以道德法则、道德律令的形式存在,而是以关怀人的心灵整体提升的形式呈现。他将道德的人视为心灵的存在,人的心灵的可贵之处在于人始终渴望着一种超越性,而这种超越性的最终指向的正是一个足以宽慰我们心灵的精神家园。如同人类的思想一样,莱布尼茨的道德观永不过时、永不停滞。即使面对近代欧洲如雨后春笋般无限涌现的新观点,莱布尼茨也不认为这些观点是合乎理性的,而应以开放的心态和崭新的面貌泰然应对。为此,他强调理性,强调道德的人应意识到自己的局限性,并付诸努力建立一个更好、更公正的世界。在我们专注于近代哲学家丰富见解的同时,仍可以借鉴先贤的基本问题与精神实质。随着社会的进步和技术的发展,我们的生活方式发生了巨大的改变,如何做出的道德决定都面临着新的挑战,这本质上反映了哲学的理性反思与道德生活的关系问题。哲学本身没有道德价值,哲学也不应被误认为是更严格的意识形态,如宗教。在很多情况下,哲学家并不主张特殊的道德要求,而这一要求应被纳入宗教或政治领域中的问题。哲学与道德的关系在于通过理性的反思与公开的探讨以实现一种道德意义上的合理性。诚然,并非生活中所有道德问题都能通过哲学思辨而找出最终的答案,有些道德问题仍存在争议,并且随着现实的变化而变化。事实上,哲学家是通过探讨对与错、善与恶、人类如何具有道德等问题而逐渐把握道德的本质的,道德观在内在的展开逻辑中构成了理性、信仰、价值相结合而形成的既关注现实又超越现实的理论范式。道德哲学与形而上学的根本立场与最终旨归是相一致的,正是基于对"人之为人"的追求、对"生活本质"的确立,这注定了形而上学与道德哲学同现实生活保持着某种关联,并致力于"实然"到"应然"的境界提升。在这一过程中,人可以重新认识自己,确立生命的价值,并最终将这个世界最好地呈现出来。

　　可以讲,莱布尼茨道德思想中的心灵所具有的超自然本性与超越性特征为形而上学的未来发展提供了理论指向,即关注于与人的本性相契合的超然视域与境界。心灵的理想往往诉诸于人的不断完善与世界的和谐,在遭遇精神危机与哲学困境的当今时代,人们更需要确立心灵的价值主题,寻找心情的安放之地,使人的存在意义在心灵的慰藉中舒展着与时俱进的价值视界。

6.2　莱布尼茨道德思想的现实意义

6.2.1　为现实生活注入精神动力与发展活力

确认道德思想的当代意义,应当在汲取过往积极的思想资源基础上,不断超越固有的价值困惑,重新审视人与现实的关系问题,确认并生成全新的生命观。莱布尼茨道德思想所蕴含的传统与现代、理性与道德、信仰与实践的思想相互交融,其本身就具有重大的现实意义。莱布尼茨构筑的道德世界是一个充满灵魂、心灵的理想之地,不仅触及了宇宙的本质,更彰显了生命的力量,乐观主义、利他主义的道德观更是为当代人类生活注入了精神动力与发展活力。

首先,乐观代表着一种信念或希望,并不意味着否认现实。通常情况下,乐观被理解为对未来事物或成功充满希望和信心,而哲学上乐观主义的内涵在莱布尼茨"这个世界是所有可能世界中最好的世界"学说中得到了最好的阐释。莱布尼茨的最好世界并不意味着世界上的每一部分都是完美无瑕的,正如"美好的事物并不是每一部分都美好"一般,而是比其他可代替品要好。实际上,没有别的东西比这个世界的组成部分要好,作为这个世界整体的每一部分,无论好与坏,都在扮演着现存世界的重要角色,是由无限智慧的上帝所选择的。我们可以想象没有犯罪或没有不幸的可能世界,并且可以创造出一些乌托邦式的浪漫王国,但是这些美好的世界会比我们的现实世界都要逊色。正是因为人类拥有行动自由,能够在善与恶之间进行选择,即使这种情况会带来邪恶与不幸,人所具有的超越能力和提升能力都是前瞻的、无限的。道德思想乐观主义推动着人类进步的美好愿景,就现存社会的性质而言,莱布尼茨既然认为现存世界是一切世界中最好的世界,他势必因此而认为现存社会是一切可能社会中最好的。[①] 一些乐观主义者寻求恢复失去的伊甸

---

① 段德智.莱布尼茨哲学研究[M].北京:人民出版社,2011:403.

园,也有一些人认为现在是完美的,而忽略了自然界和人类经验的黑暗现实,莱布尼茨的乐观主义的核心在于寻求所有存在于世界中的理性法则,并对未来充满信心以探求更加美好的积极因素。

在莱布尼茨道德思想中,乐观主义表现为一种认知,即我们如何认识这个世界,如何认识现实的生活。如果世界从根本上说是美好的,具有积极的目的和意义,人们实现期望也就具有可能性与合理性,这为人类通过自身不懈努力而实现积极的目的注入了精神和活力,同时促进了人向更高、更好的目标追求而奋斗,这也是世界发展的活力所在。相反,悲观主义则认为世界是恶的,生活毫无意义,这也注定会导致痛苦的增加和目标的挫败。此外,乐观主义还是一种实践智慧,是一种生活态度,这一种生活态度让人更深切地体验生命的旨趣,并无限地接近"人之为人"的本真状态。乐观主义意味着人是以乐观的方式存在的,表现在人们对美好生活、美好人际关系的向往,在乐观的客观现实中获得幸福。在这一意义上,乐观主义不仅是确立生活意义的理性沉思,也是把握人性本质的思想方式,可以说乐观主义扬弃了生活的负面情绪,为探究人之幸福、实现人之超越提供了动力与活力,这激励着人类持续追求着精神的统一性,形成"人同此心"的集体性社会信任。①

其次,利他主义通常被视为道德的中心议题,这自然地引起了道德哲学家们的普遍关注。利他主义体现了现实生活的道德规范性和道德的意义这样的问题,也表现着人类做出独特道德判断的能力和倾向的起源。莱布尼茨道德思想所表现的利他主义蕴含着三个维度:一是"爱他人"需要付诸行动;二是以"增进他人福祉"为目标取向;三是"爱他人"也是在"爱自己"。这表明莱布尼茨的利他主义本质上是一种互惠的利他主义,这种利他主义是建立在相互给予和接受的关系基础之上的,别人利益提升的同时自身也会获得幸福。在现实中,互惠的利他主义将个人与社会紧密连接在一起,对待他人要无私地关心,做事并非出于利益、义务、忠诚或宗教原因,而惠及自身。正是在这个意义上,莱布尼茨道德思想中的利他主义仍具有积极的当代意义,一方面有利于推动国际合作的实现,如国际慈善事业的发展,另一方面有利于促进人类整体利益的增进,如全球贫困人口的减少,这为全球各国深化务实合作、实现美好生活的愿景提供了活力与动力。

---

① 李建森.是否、应否、能否:信任的道德行上追问与考察[J].社会科学辑刊,2020(6):23.

利他主义作为莱布尼茨道德思想的核心概念,最终价值是在实践层面上得以展现的,道德、伦理被纳入实践哲学的范畴正是德国古典哲学的一个明显特征。莱布尼茨的"乐观主义"与"利他主义"道德观即是合乎理性的,又是基于现实的,体现了人类探索、提升人生境界的努力,这种努力使人们的道德生活具有了新的理论和实践的可能。

6.2.2　有利于把握时代精神的本质

在漫长的历史时间里,尽管哲学晦涩难懂,但仍然是时代精神的精华。① 莱布尼茨以一种独特的方式参与并回应时代最前沿的科学,表现了那个时代的精神实质。对照现实,中国在社会转型与逐步实现现代化的道路上重新确立符合当下气质的时代精神,这不仅是中国人民重新认识自我的过程,更是整个国家思想重建的过程。中国特色社会主义进入了新时代,我们需要不断总结、凝练和升华西方优秀的道德哲学思想,在现实中更深刻地认识、把握实体性的思想资源与时代精神的内在关联,最终以一种更为合理的哲学方式影响大众、影响社会。

首先,时代精神应源于现实思考与现实关怀。时代精神不仅是当今中国社会的现实印证,又是当代理想人格的完整体现,表征着时代超越性理想。凝聚共同的核心价值有助于构筑与现实条件相吻合、与社会价值相印证的理想高地,这要求在新的现实境遇中始终保持着社会公认的中国时代精神,并将之付诸具体的实践过程中。助人为乐、见义勇为、孝老敬亲、忠于职守都是震撼人心的道德力量,彰显了催人奋进的时代精神,为新时代的中国人民留下了宝贵的精神遗产和精神动力。时代精神作为一种超脱个人的共同的集体意识,具有社会性,而这一社会性精神实质上表达着一种集体的现实关怀。具体而言,时代精神是我们体察现实、关怀现实的思想棱镜,更是我们责任担当与履行使命的动力源泉。

莱布尼茨道德思想中主张的"关爱他人""每一个体生命均表现着世界的理性""为人们幸福乐观的生活提供图景的使命意识"等思想为我们重新审视自身存在意义、构建个人与社会的和谐关系提供了积极的借鉴意义。在把握时代精神的现实关怀时,我们应当培养关心时代、关切人

---

① 张志伟.哲学的未来・人类的未来[J].学术月刊,2012(4):35.

民的精神品质和责任担当,在生活中感悟现实的影响力与精神的纵深感。这要求每一个人在工作、生活之中以一种反思的视角审视自身与时代的关系,促进个人意识与集体意识的高度契合。个人的精神即是时代精神的反映,个人的关怀即是社会的关怀,只有这样包含着兼容与隔离、切近与疏远的审视,我们才能保持审慎而清醒的认知。当人们将自身应具有的责任感与使命感,将生命的体验融入对于世界、国家和人民的关怀时,这个时代的所有的个体精神都会表征着普遍的精神,这就是时代精神。时代精神应含蕴着每一个公民的意志,而非仅仅代表某一阶级或阶层的特殊利益。当时代精神形成时,它又会反作用于每一个人,深深地影响着人们的行为方式,甚至是集体意识或价值观的树立。在面对社会中的不道德行为呈现出多样性、复杂性的现实问题时,时代精神应以一种动态的形式存在,并承担着坚守道德价值观的正确性与永续性的使命。

其次,时代精神应具有合乎理性、乐观崇善的独特气质。时代精神应是合乎理性的精神实质,表现在对社会功利趋向的矫正,对人间高尚追求的弘扬。正如黑格尔所言,民族是伦理的基础,伦理是民族的精神。虽然与西方传统不同,中国伦理道德的精神发展轨迹表现为"伦理精神"的发展,而非"道德理性"的发展。但整体而言,伦理道德的发展与民族精神的发展是同一的,即伦理与民族相同一。① 伦理道德的中国表达或中国话语在展现着中国由传统走向现代的精神历程这一事实的同时,更是将这一历程中逐渐趋于理性的特质呈现出来,是从一种具有政治热情和道德激情的政治伦理精神转化为合乎理性的伦理精神。在伦理政治化的时代,个人与国家、社会伦理与个人道德在现实中都是高度统一的,这极大地激发了高昂的政治热情,又在政治热情推动下形成了充沛的、全民一致的道德激情,这意味着时代精神所表征的道德标准必然融入政治革命、家国情怀的因素。

随着改革开放的不断深入和国家逐渐的现代化,道德建构具有趋于理性化的倾向与特点,表现为时代精神逐渐合理性与合法性,以及人民理性的应有之义和内在特征。这有助于当代全体中国人民达成思想的共识,确立一致的正确方向。中国特色社会主义进入新时代,但我们应清醒地认识到中国改革开放的伟大实践已进入深水区、攻坚区,在这一

---

① 李建华,刘刚. 道德适应:新型伦理共同体的生成路径[J]. 社会科学战线,2020(7):11.

历史发展的过程中,各种社会矛盾逐渐凸显,中国社会发展正处于转型时期,社会的价值观念和精神风貌也处于新旧交替的嬗变过程中,广大人民的理性正经受工业社会、信息社会、网络社会、消费社会相互交织的考验,崇高受到嘲笑、深刻遭到唾弃,符号化、器物化的社会俨然成为社会的现实。① 在面对社会的功利趋向时,时代精神不仅要引领广大人民群众坚持正确的价值趋向,树立正确的道德观,明辨是非、善恶、美丑的界限,创造出崇高的人生价值。如何让个人与大众的道德发展融入社会存在的情境中,从而实现道德的公共发展与整体进化,以期树立新的时代风貌,为促进国家各项事业更好发展奠定精神性因素,成为人们必须面对的"中国式道德问题",而这一"中国式道德问题"又需要,也必然有着独特的政治属性。

在这一历史条件下,中国社会需要在稳定中求发展,需要确认超越功利性的价值追求,需要牢记革命思想和革命宗旨,需要让时代精神展现出新的时代使命。在讲好新时代的中国故事、树立民族自信时,应注重传承与激活我国优秀的传统文化与红色基因,就是要把民族的光荣传统、优良作风,与人们的生产、生活相结合,让我国、我党的宝贵历史经验和精神财富彰显出新的时代价值,焕发出新的活力,进而为各项事业的发展助力,以树立强大的民族自信。这种民族自信正是建立在合乎理性的中国时代精神基础之上的,具体而言,是以理性地探索中国发展道路和社会转型而展开,在理性的国家认同、民族认同、文化认同中得以最终确立的。这一民族自信并不是同现实相割裂的抽象的彼岸精神,而是在感性物质活动中的此岸精神,其现实意义在于在新的历史境遇中始终保持着世界公认的宏大的中国叙事方式,有助于构筑与现实条件相吻合、与社会价值相印证的理性高地,有助于为新时代的中国人留下了宝贵的精神遗产和精神动力,有助于在将之付诸具体的实践过程中进一步激发全社会的奋进力量,最终推动国家各项事业不断向前发展,并与世界各国更好地构建人类命运共同体。

时代精神应当散发出乐观崇善的独特气质。莱布尼茨的道德观不仅澄清了时代精神乐观的特质,同时建构了时代精神崇善的意义。在哲学这一宏大的语境中,时代精神特质的形成并非基于欲望的基本需求,

---

① 姜宇辉.这个时代何以再度唤醒"灵魂":重思迷魅、祛魅、再魅的理论谱系[J].哲学动态,2019(12):67.

而是取决于对"人在世界中的位置""人何以获得幸福""人生何以有意义"这些问题的回答,因此时代精神具有澄清与建构的意义。中国是一个人口大国,其中城乡差距、贫富差距、文化和教育的差距,是不容否定的客观存在,平稳地实现向现代社会的成功转型,必将会给人们的思想观念、生产方式和生活方式等带来全新的变化。

一方面,人们不再把公共的道德准则视为个人的义务,造成了个体、群体在社会生活中的道德失衡与断裂,[①]这需要通过树立合乎理性的时代精神去解决并引领,其前提是时代精神要富有积极的道德因素;另一方面,大众化、关联化、共同化的公共生活图景成为主流趋势,而仅仅强调私人道德日渐式微。在多元价值导向的当代现实中,人的失落、伦理的缺场、个体道德的式微,必然地要涉及时代精神品格的确立与认同问题。中国社会需要一个总体的、向上的精神导向和引领,而一种乐观崇善的精神涵盖了新时代的精神风貌,凝练了中国传统文化的优良品质,是中国人高度认同的人格形象和价值载体。虽然这一精神特质并不是器物性的存在物,不能带来钱财,也不是可以满足欲望的工具与技术,但人在以"欲望"为存在基础之外,更是以"境界"为根基的存在物。相对于屈居于当下欲望的唯我性,人之为人的本质,或者说人的高贵之处是对"智慧""幸福""理想""自由"的追求。这里并不是说要推崇自然而反对技术,而是以一个更为深刻的视角、方式去理解这个世界、理解我们自己。莱布尼茨道德思想中乐观崇善的独特气质正是通过对人生意义的追寻来获得幸福,它表达着一种积极向上的生活之道,一种善待自己、善待他人的为人之道、一种乐于行善的处世之道,实现了个人、集体与社会的和谐发展,这回答了"人是一种怎样的存在""人的生存由何而定"的问题。在这个意义上,莱布尼茨的道德思想不仅让我们深刻地理解着时代精神之本质、感悟着时代精神之价值、肩负着时代精神之使命,更让我们践行着时代精神。这个世界可能不是一个最好的世界,也可能不是一个最坏的世界,而我们则可以富有理性又积极向上地生活在这个世界中。

---

① 李建华,刘刚. 道德适应:新型伦理共同体的生成路径[J]. 社会科学战线,2020(7):9.

结　语

　　莱布尼茨是一个道德的存在,"单子"清楚地反映着最好世界的美丽和完满。当人们自我反思时,可以更好地领悟单子理论的道德旨归、让我们的理性感知与之契合,并在对"快乐"与"幸福"的思考中获得满足。同时,莱布尼茨的单子所反映的世界是一个充满灵魂、心灵的理想之地,这里不仅触及了宇宙本质,更彰显了生命的力量。道德的"单子"既是合乎理性的,又是基于现实的,这为人们的道德生活提供了新的理论和实践的可能。在这一过程中,我们可以重新认识自己,确立生命的价值,并最终将这个道德世界最好地呈现出来。

　　关于道德思想的理论渊源,作为莱布尼茨哲学体系的一部分,道德思想的基本原则和主要旨趣可以在整个西方哲学演进的不同阶段中找出来源与根据。可以说,莱布尼茨的道德思想除了受时代因素和特有身份的影响,也是在继承或批判前人的思想遗产中建立而成的。如果将莱布尼茨思想的谄媚性、碎片化、非系统性归咎为迎合权贵的现实需求,是当时社会的产物,但在仔细推敲后,可以发现莱布尼茨的道德思想与前人思想是具有一致性的,在此基础上他摆脱了一切思想的束缚,建立了属于自己的非功利性的、系统的道德思想。

　　关于道德思想的发展历程,莱布尼茨的道德思想随着其形而上学体系的成熟而逐渐生成,二者是共生、共联、共建的。其道德思想的思路经历了四个阶段:关于道德问题的探讨、确立理论基本原则、理论建构的基础与规定、道德思想的最终确立。整体而言,莱布尼茨单子的三重特质不仅实现了单子、心灵、上帝三个维度的统一,更赋予了单子以道德意义。具体而言,"单子"通过时空性、感知性和反思性打通了心灵与世界的通道,"上帝"为世界提供了道德规定与准则。在这个意义上,莱布尼茨的单子是关于心灵的学问,正是借助心灵承载着一种独特的人性,为我们认识自身与所处世界提供了前提与基础。在此基础上,单子将"精神的个体"外化为"现实的个体",表达了人类自我反思、不断超越的崇善本性。正是在这一过程中,莱布尼茨道德思想的理论空间得以进一步释放,构建了一个"充满爱的道德世界"。

关于道德思想核心内容的提出,莱布尼茨同他的其他思想一样有着明显的调和性,也表现了一种积极的"乐观主义"。最好世界作为一个理想的道德世界,实现了人与人、人与社会、人与自然三者的和谐共存,在"他人利益"中"提升自我"成为一种合乎理性地把握道德生活的思想方式,这对衡量人生意义与追求自我超越具有积极的意义。

关于道德思想的内在逻辑与基本特质,莱布尼茨道德思想的整体逻辑演进呈现为从实体到上帝,最终指向伦理的过程。"自由"可被理解为一条逻辑主线,贯穿于道德思想的不同阶段,自由是道德的存在依据,道德也是自由的最终旨归。此外,莱布尼茨道德思想的基本特征是以"人类的利己主义倾向"为前提,以"主体性"为特征,以"构筑一个充满爱的道德世界"为精神旨归。通过"无私的爱",我们的行为具有了个人提升与社会提升的双重益处,这为人与社会和谐关系的构建奠定了坚实的基础。在这一和谐社会之中,人们的利他主义行为并非以牺牲自身利益为前提,相反,"爱他人"也增进了自身的利益。这意味着在莱布尼茨的道德思想中,个人、他人与社会是一个利益共同体,三者相互融合、共同发展。

此外,莱布尼茨道德思想无论是学理上还是实践中均具有重要的意义与价值。在学理上,首先,重新确立了他的道德思想的重要性与完整性;其次,他的道德思想对后来的哲学家,特别是对康德的道德形而上学产生了直接的影响;最后,莱布尼茨的道德哲学也为当下形而上学提供一种反思的视角乃至重构的路径。在现实意义与价值方面,莱布尼茨以一种独特的方式呈现着他所处时代的精神,他的道德思想所表达的时代真理具有道义和文明的标榜意义,这种人类精神合乎理性、乐观崇善的独特气质对新时代中国人民时代精神的塑造、人与社会的和谐关系的建构具有积极的启示。

作为当时的思想巨匠,莱布尼茨超越同时代的百科全书式思想家的地方不仅在于他所涉及学科的繁多、关注视域的广泛、学科关联的紧密，更重要的还在于他对世界本身具有一个道德的审视和决断。在工业社会、信息社会、网络社会、消费社会高度交织的今天，面对着多元的价值倾向和意识形态，如何去透视并定位这个世界的现象与本质是我们不可回避的问题。如果说世界的客观性需要呈现，那么人的心灵即是表现主体。我们不仅要保持哲学把握世界特有的方式，更要以艰苦卓绝的精神劳作去审视和把握这个世界。

参考文献

一、著作类

▲ 外文著作：

［1］Antognazza, Maria Rosa. "Rationalism," in The Oxford Handbook of the History of Ethics［M］. Roger Crisp（ed.）. Oxford：Oxford University Press, 2013.

［2］Ariew, R. Leibniz, Life and Times, N. Jolley（ed.）, The Cambridge Ompanion to Leibniz［M］. Cambridge：Cambridge University Press, 1995.

［3］Barber, W. H. Leibniz in France From Arnauld to Voltaire：A Study in French Reactions to Leibnizianism 1670—1760［M］. Oxford：Oxford University Press, 1957.

［4］Bennett, J. A Study of Spinoza's Ethics［M］. Indianapolis：Hackett, 1984.

［5］Broad, C. D. Leibniz：An Introduction, C. Lewy（ed.）［M］. Cambridge University Press, 1975.

［6］Brown, Gregory. Leibniz's Moral Philosophy［M］. Cambridge：Cambridge University Press, 1995.

［7］Cottingham, J. The Rationalists［M］. Oxford：Oxford University Press, 1990.

［8］Donald Rutherford. Leibniz to Nicolas Remond, 26 Jan. 2020［M］. Available at http://philosophyculty.ucsd.edu/faculty/Rutherford/Leibniz/translateons/RemondVII 1714.pdf.

［9］G. W. Leibniz. Leibniz and the Two Sophies：The Philosophical Correspondence，ed. and transl. by Lloyd Strickland［M］. Toronto：University of Toronto Press，2011.

［10］G. W. Leibniz. New Essays on Human Understanding，translated and edited by Peter Remnant and Jonathan Bennett［M］. Cambridge：Cambridge University Press，1996.

［11］G. W. Leibniz. Philosophical Essays，transl. by R. Ariew and D. Garber［M］. Indianapolis：Hackett，1989.

［12］G. W. Leibniz. Philosophical Essays，translated by Roger Ariew and Daniel Garber［M］. Indianapolis：Hackett Publishing Company，1989.

［13］G. W. Leibniz. Philosophical Papers and Letters，ed. by L. E. Loemker［M］. Dordrecht：Springer，1969.

［14］G. W. Leibniz. Political Writings（second edition），translated and edited by Patrick Riley［M］. Cambridge：Cambridge University Press，1988.

［15］G. W. Leibniz. Selections，edited by Philip P. Wiener［M］. New York：Charles Scribner's Sons，1951.

［16］G. W. Leibniz. The Monadology and Other Philosophical Writings，translated with introduction and notes by Robert Latta［M］. Oxford：Oxford University Press，1898.

［17］Haakonssen，Knud. Natural Law and Moral Philosophy：From Grotius to the Scottish Enlightenment［M］. Cambridge：Cambridge University Press，1996.

［18］Hostler，John. Leibniz's Moral Philosophy［M］. New York：Harper & Row Publishers，Inc. ，1975

［19］Johns，Christopher. The Science of Right in Leibniz's Moral and Political Philosophy［M］. London：Bloomsbury，2013

［20］Jolley，Nicholas. Leibniz（Chapter Seven：Ethics and Politics）［M］. London：Routledge，2005

［21］Larry Norman. The Public Mirror：Moliere an the Social Commerce of Depiction［M］. Chicago：University of Chicago Press，1999.

［22］Mates，B. The philosophy of Leibniz：Metaphysics and Language［M］. New York and Oxford：Oxford University Press，1990.

［23］Mercer，C. Leibniz's Metaphysics：Its Origin and Development [M]. New York and Cambridge：Cambridge University Press，2002.

［24］Plato. The Collected Dialogues of Plato，edited by Edith Hamilton and Huntington Cairns［M］. Princeton：Princeton University Press，1961.

［25］Riley，P. Leibniz's Universal Jurisprudence：Justice as Charity of the Wise[M]. Cambridge，Mass：Harvard University Press，1996.

［26］Roinila，Markku. "Leibniz's Models of Rational Decision，" in Leibniz：What Kind of Rationalist？［M］. Marcelo Dascal（ed.），Dordrecht：Springer，2008.

［27］Rutherford，Donald. Leibniz and the Rational Order of Nature [M]. Cambridge：Cambridge University Press，1995.

［28］Rutherford，D. Leibniz and Rational order of Nature［M］. Cambridge：Cambridge University Press，1995.

［29］Schneewind，J. B. The Invention of Autonomy［M］. Cambridge：Cambridge University Press，1998.

［30］Theodicy. Essays on the Goodness of God，the Freedom of Man，and the Origin of Evil，translated by E. M. Huggard，edited by Austin Farrer[M]. Chicago/La Salle：Open Court，1951.

［31］Wilson，C. Leibniz's Metaphysics：A Historical and Comparative Study[M]. Princeton：Princeton University Press，1989.

［32］Woolhouse，R. S. Leibniz：Metaphysics and Philosophy of Science[M]. Oxford：Oxford University Press，1983.

▲ 中文著作：

［1］［德］费尔巴哈. 对莱布尼茨哲学的叙述、分析和批判[M]. 涂纪亮译. 北京：商务印书馆，2017.

［2］［德］海德格尔. 从莱布尼茨出发的逻辑学的形而上学始基[M]. 赵卫国译. 西安：西北大学出版社，2017.

［3］［德］黑格尔. 哲学史讲演录（1～4 卷）[M]. 贺麟，王太庆等译. 上海：上海人民出版社，2013.

［4］［德］康德. 实践理性批判[M]. 邓晓芒译. 北京：人民出版社，2003.

[5][德]莱布尼茨. 莱布尼茨后期形而上学文集[M]. 段德智,陈修斋译. 北京:商务印书馆,2018.

[6][德]莱布尼茨. 莱布尼茨早期形而上学文集[M]. 段德智,陈修斋译. 北京:商务印书馆,2018.

[7][德]莱布尼茨. 莱布尼茨与克拉克论战书信集[M]. 段德智译. 北京:商务印书馆,2017.

[8][德]莱布尼茨. 莱布尼茨自然哲学文集[M]. 段德智译. 北京:商务印书馆,2018.

[9][德]莱布尼茨. 人类理智新论[M]. 段德智译. 北京:商务印书馆,2019.

[10][德]莱布尼茨. 神正论[M]. 段德智译. 北京:商务印书馆,2018.

[11][德]莱布尼茨. 新系统及其说明[M]. 段德智译. 北京:商务印书馆,1998.

[12][德]文德尔班. 哲学史教程(上、下)[M]. 罗达仁译. 北京:商务印书馆,2015.

[13][古罗马]奥古斯丁. 忏悔录[M]. 周士良译. 北京:商务印书馆,1987 年.

[14][古罗马]奥古斯丁. 独语录[M]. 成官泯译. 上海:上海社会科学院出版社,1997.

[15][古罗马]奥古斯丁. 恩典与自由[M]. 奥古斯丁著作翻译小组. 南昌:江西人民出版社,2008.

[16][古罗马]奥古斯丁. 上帝之城(上、下)[M]. 王晓朝译,北京:人民出版社,2007.

[17][古希腊]柏拉图. 理想国[M]. 郭斌和,张竹明译. 北京:商务印书馆,1986.

[18][古希腊]柏拉图. 柏拉图对话集[M]. 王太庆译. 北京:商务印书馆,2004.

[19][古希腊]亚里士多德. 尼各马可伦理学[M]. 廖申白译注. 北京:商务印书馆,2003.

[20][古希腊]亚里士多德. 形而上学[M]. 吴寿彭译. 北京:商务印书馆,1983.

[21][古希腊]亚里士多德. 政治学[M]. 吴寿彭译. 北京:商务印书

馆,1996.

[22][荷]巴鲁赫·斯宾诺莎. 伦理学[M]. 贺麟译. 北京:商务印书馆,1998

[23][美]加勒特·汤普森. 莱布尼茨[M]. 李素霞,杨富斌译. 北京:清华大学出版社,2019.

[24][美]帕特里克·赖利. 莱布尼茨政治著作选[M]. 张国帅,李媛译. 北京:中国政法大学出版社,2014.

[25][英]罗素. 罗素文集(第一卷)[M]. 段德智,张传有,陈琪译. 北京:商务印书馆,2018.

[26][英]罗素. 西方哲学史(上、下)[M]. 马元德译. 北京:商务印书馆,2016.

[27][英]尼古拉斯·乔里. 莱布尼茨[M]. 杜鹃译. 北京:华夏出版社,2013.

[28][英]休谟. 道德原则研究[M]. 曾晓平译. 北京:商务印书馆,2015.

[29]北京大学哲学系外国哲学史教研室编译. 西方哲学原著选读(上卷)[M]. 北京:商务印书馆,1981.

[30]崔卫平. 积极生活[M]. 北京:中国人民大学出版社,2003.

[31]邓晓芒. 德国古典哲学讲演录[M]. 长沙:湖南教育出版社,2010.

[32]邓晓芒. 康德《道德形而上学奠基》句读[M]. 北京:人民出版社,2012.

[33]段德智. 莱布尼茨哲学研究[M]. 北京:人民出版社,2011.

[34]高清海. 找回失去的哲学自我[M]. 北京:北京师范大学出版社,2004.

[35]高清海. 哲学的憧憬[M]. 长春:吉林大学出版社,1995.

[36]高宣扬. 德国哲学通史(第一卷)[M]. 上海:同济大学出版社,2007.

[37]贺照田. 西方现代性的曲折与展开[M]. 吉林:吉林人民出版社,2002.

[38]李佃来. 公共领域与生活世界[M]. 北京:人民出版社,2006.

[39]陆杰荣. 形而上学研究的几个问题[M]. 北京:中国社会科学出版社,2012.

［40］陆杰荣. 哲学的性质与机制——西方哲学比较研究［M］. 沈阳：辽宁大学出版社,1992.

［41］陆杰荣. 哲学境界［M］. 长春：吉林教育出版社,1998

［42］彭立群. 公共领域与宽容［M］. 北京：社会科学文献出版社,2008.

［43］杨祖陶. 德国古典哲学逻辑进程［M］. 北京：人民出版社,2016.

［44］俞吾金,汪行福,王凤才,林晖,徐英瑾. 德国古典哲学［M］. 北京：人民出版社,2009.

［45］赵敦华. 西方哲学简史［M］. 北京：北京大学出版社,2001.

二、期刊类

▲ 外文期刊：

［1］Alderwick,C. Atemporal Essence and Existential Freedom in Schelling［J］. British Journal for the History of Philosophy,2014(1).

［2］Ang, N. Positive Freedom as Exercise of Rational Ability：A Kantian Defense of Positive Liberty［J］. Journal of Value Inquiry,2014(1).

［3］Brown, Gregory. Disinterested Love：Understanding Leibniz's Reconciliation of Self-andOther-Regarding Motives［J］. British Journal for the History of Philosophy,2011(2).

［4］Brown, Gregory. Leibniz's Theodicy and the Confluence of Worldly Goods［J］. Journal of the History of Philosophy,1988(4).

［5］Carlin, L. Leibniz on Conatus, Causation, and Freedom［J］. Pacific Philosophical Quarterly,2014(85).

［6］Carlin,L. Leibniz on Final Causes［J］. Journal of the History of Philosophy,2006(44).

［7］Cook,D. Leibniz and Hegel on the Philosophy of Language［J］. Studia Leibnitiana Supplementa,1972(15).

［8］Forman,David. Free Will and the Freedom of the Sage in Leibniz and the Stoics［J］. History of Philosophy Quarterly,2008(3).

［9］Jackson, F. Epiphenomenal Qualia［J］. Philosophical Quarterly, 1982(32).

［10］Johns, Christopher. The Grounds of Right and Obligation in Leibniz and Hobbes［J］. The Review of Metaphysics,LXII,2009(3).

［11］Johns, Christopher. Leibniz, Pufendorf, and the Possibility of

Moral Self-Governance[J]. British Journal for the History of Philosophy,2013(2).

[12]Kulstad,M. Leibniz's Conception of Expression[J]. Studia Leibnitiana,1977(9).

[13]Latzer,Michael. Leibniz's Conception of Metaphysical Evil[J].Journal of the History of Ideas,1995(1).

[14]Matthews,B. Life as the Schema of Freedom:Schelling's Organic Form of Philosophy[J]. SUNY,2011(4).

[15]Nagel,T. "What is it Like to be a Bat?"[J]. Philosophical Review,1974(83).

[16]Ostaric,L. Absolute Freedom and Creative Agency in Early Schelling[J]. Phil-osophisches Jahrbuch,2012(1).

[17]Robinson,D. &J. Groves,Rational Freedom and Progress[J]. Introducing Political Philosophy,2006(12).

[18]Seager,W. The Worm in the Cheese:Leibniz,Consciousness,and Matter[J]. Studia Leibnitiana,1991(23).

[19]Taylor,P. Hegel,Afro-Caribbean Religion,And The Struggle for Freedom[J]. Canadian Journal of Latin American and Caribbean Studies,1988(26).

[20]Tritten,T. Nature and freedom:Repetition as supplement in the late Schelling[J]. Sophia,2010(2).

[21]Wilson,M. Leibniz and Materialism[J]. Canadian Journal of Philosophy,1974(3).

▲ 中文期刊:
[1]陈修斋. 莱布尼茨的"新系统"和法国哲学家[J]. 法国研究,1994(1).

[2]陈修斋. 莱布尼茨与十八至十九世纪法国和德国哲学的联系[J]. 湖北社会科学,1987(5).

[3]陈修斋. 莱布尼茨哲学体系初探[J]. 哲学研究,1981(1).

[4]陈修斋. 莱布尼茨与十八至十九世纪法国和德国哲学的联系[J]. 湖北社会科学,1987(5).

[5]杨祖陶. 德国古典哲学的现代价值[J]. 哲学研究,2001(4).

[6]段德智.莱布尼茨逻辑学的学术成就、历史影响和理论得失[J].贵州大学学报(社会科学版),2020(3).

[7]段德智."莱布尼茨哲学研究"的哲学意蕴[J].武汉大学学报(人文社科版),2013(9).

[8]段德智.论莱布尼茨的自主的和神恩的和谐学说及其现时代意义[J].世界宗教研究,2000(3).

[9]段德智.试论当代西方宗教哲学的人学化趋势及其历史定命[J].哲学研究,1999(8).

[10]段德智.莱布尼茨对现代西方哲学的影响[J].武汉大学学报(人文社科版),1996(11).

[11]段德智.当代伦理的重构与"回到苏格拉底"——试论苏格拉底伦理思想的历史意义与当代启示[J].东南大学学报(人文社科版),2004(9).

[12]邓安庆.伦理学与第一哲学[J].伦理艺术,2019(1).

[13]邓安庆."无形而上学的伦理学"之意义和限度——以亚里士多德《尼各马可伦理学》的三种论证为例[J].哲学动态,2011(1).

[14]邓安庆.西方伦理学史诸概念和命题之释义[J].云梦学刊,2020(2).

[15]邓安庆.论莱布尼茨的伦理思想[J].湖北大学学报(哲学社会科学版),2011(9).

[16]邓晓芒.康德自由概念的三个层次[J].复旦学报(社会科学版),2004(2).

[17]邓晓芒.康德道德哲学的三个层次——《道德形而上学基础》述评[J].云南大学学报(社会科学版),2004(4).

[18]桑靖宇,程悦.论莱布尼茨哲学对神的理性转化[J].哲学评论,2019(5).

[19]桑靖宇.莱布尼茨思想迷宫的探索——读段德智《莱布尼茨哲学研究》[J].哲学研究,2012(5).

[20]桑靖宇.意识之后的实在——莱布尼茨微知觉理论的本体论意义[J].湖北大学学报(哲学社会科学版),2000(1).

[21]李天慧.莱布尼茨论精神实体[J].自然辩证法研究,2016(6).

[22]李天慧.论莱布尼茨的认知过程思想[J].自然辩证法研究,2016(6).

[23]李天慧. 完满、存在与幸福——莱布尼茨完满概念的形而上学解读[J]. 北方论丛,2015(7).

[24]李天慧. 心灵的能动性与身心和谐——论莱布尼茨的心灵哲学[J]. 北方论丛,2017(5).

[25]陆杰荣. 西方哲学演进的逻辑与哲学面对"事情"本身的诸种方式[J]. 思想战线,2010(1).

[26]陆杰荣. 论形而上学"上行"与"下移"之内在逻辑[J]. 陕西师范大学学报(哲学社会科学版),2013(4).

[27]陆杰荣. 论"形而上学"的当代视界[J]. 江海学刊,2004(3).

[28]陆杰荣. 论形而上学与"形"的内在纠缠[J]. 社会科学辑刊,2013(2).

[29]陆杰荣. 形而上学的"在世"规定及其"实践"功能[J]. 社会科学辑刊,2010(2).

[30]翟志宏,卢钰婷. 莱布尼茨"信仰与理性一致性"学说的思想基础及其认识论意义[J]. 哲学评论,2018(10).

[31]卢钰婷. 论莱布尼茨对"上帝存在"证明的完善[J]. 基督教学术,2018(12).

[32]李秋零. 康德论哲学与神学的关系[J]. 江苏行政学院学报,2008(1).

[33]先刚. 谢林的"世界时代哲学"构想及其演进[J]. 云南大学学报(社会科学版),2010(3).

[34]叔贵峰. 从理想的批判到现实的批判——试论康德与马克思关于"批判哲学"的区别及其理论意义[J]. 辽宁大学学报(社会科学版),2006(5).

[35]叔贵峰,韩冬雪. 斯宾诺莎实践理性在近代的发展及其价值[J]. 沈阳师范大学学报(社会科学版),2018(1).

[36]刘放桐. 德国哲学的现代转型[J]. 杭州师范大学学报(社会科学版),2008(2).

[37]王平. 康德哲学中的"人"及其形而上学的重建[J]. 江西社会科学,2002(10).

[38]张荣. 形而上学与终极关怀[J]. 江苏社会科学,2005(4).

[39]张志伟. 说不尽的康德哲学——兼论哲学史研究的几个方法论问题[J]. 安徽大学学报(哲学社会科学版),2004(5).

[40]翟志宏,卢钰婷.莱布尼茨"信仰与理性一致性"学说的思想基础及其认识论意义[J].哲学评论,2018(10).

[41]王腾.莱布尼茨论"最完美国家的道德世界"—从《形而上学论》到《单子论》[J].中南大学学报(社会科学版),2015(6).

[42]何萍.论莱布尼茨的自由原则及其意义[J].武汉大学学报(社会科学版),1987(6).

[43]王国坛.面向事情本身的哲学追求——读陆杰荣《形而上学与境界》[J].哲学研究,2007(3).

[44]陆杰荣.从境界的维度解读当代意义上的形而上学[J].辽宁大学学报(哲学社会科学版),2006(1).

[45]刘孝廷.从莱布尼茨出发——关于全球主义的一个前提性反思[J].北方论丛,2016(6).

[46]张双龙.莱布尼茨对自由与必然性迷宫的破解及其存在的问题[J].湖北大学学报,2010(5).

[47]陈默.论莱布尼茨的必然真理与偶然真理[J].江汉论坛,1995(4).